AF283847

Elaboración de reseñas para productos editoriales

Noelia Alcázar Jiménez

Elaboración de reseñas para productos editoriales
© Noelia Alcázar Jiménez

1ª Edición

© IC Editorial, 2025

Editado por: IC Editorial
c/ Cueva de Viera, 2, Local 3
Centro Negocios CADI
29200 Antequera (Málaga)
Teléfono: 952 70 60 04
Fax: 952 84 55 03
Correo electrónico: iceditorial@iceditorial.com
Internet: www.iceditorial.com

ISBN: 978-84-1184-601-1
Depósito Legal: MA 212-2025

Impresión: PODiPrint
Impreso en Andalucía – España

Nota de la editorial: IC Editorial pertenece a Innovación y Cualificación S. L.

Presentación del manual

El **Certificado de Profesionalidad** es el instrumento de acreditación, en el ámbito de la Administración laboral, de las cualificaciones profesionales del Catálogo Nacional de Cualificaciones Profesionales adquiridas a través de procesos formativos o del proceso de reconocimiento de la experiencia laboral y de vías no formales de formación.

El elemento mínimo acreditable es la **Unidad de Competencia.** La suma de las acreditaciones de las unidades de competencia conforma la acreditación de la competencia general.

Una **Unidad de Competencia** se define como una agrupación de tareas productivas específica que realiza el profesional. Las diferentes unidades de competencia de un certificado de profesionalidad conforman la **Competencia General,** definiendo el conjunto de conocimientos y capacidades que permiten el ejercicio de una actividad profesional determinada.

Cada **Unidad de Competencia** lleva asociado un **Módulo Formativo,** donde se describe la formación necesaria para adquirir esa **Unidad de Competencia,** pudiendo dividirse en **Unidades Formativas.**

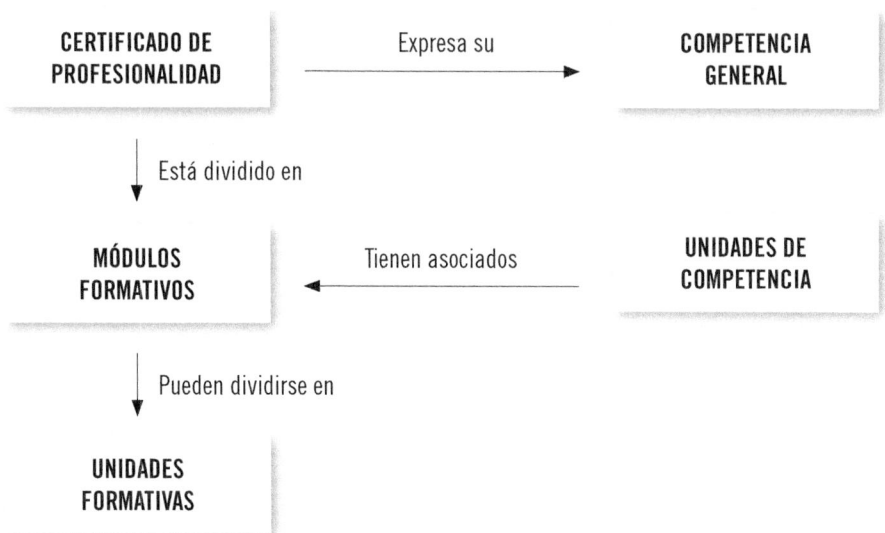

El presente manual desarrolla la Unidad Formativa **UF1903: Elaboración de reseñas para productos editoriales,**

perteneciente al Módulo Formativo **MF0932_3: Corrección de textos de estilo y ortotipografía,**

asociado a la unidad de competencia **UC0932_3: Corregir los textos de forma estilística y ortotipográfica,**

del Certificado de Profesionalidad **Asistencia a la edición.**

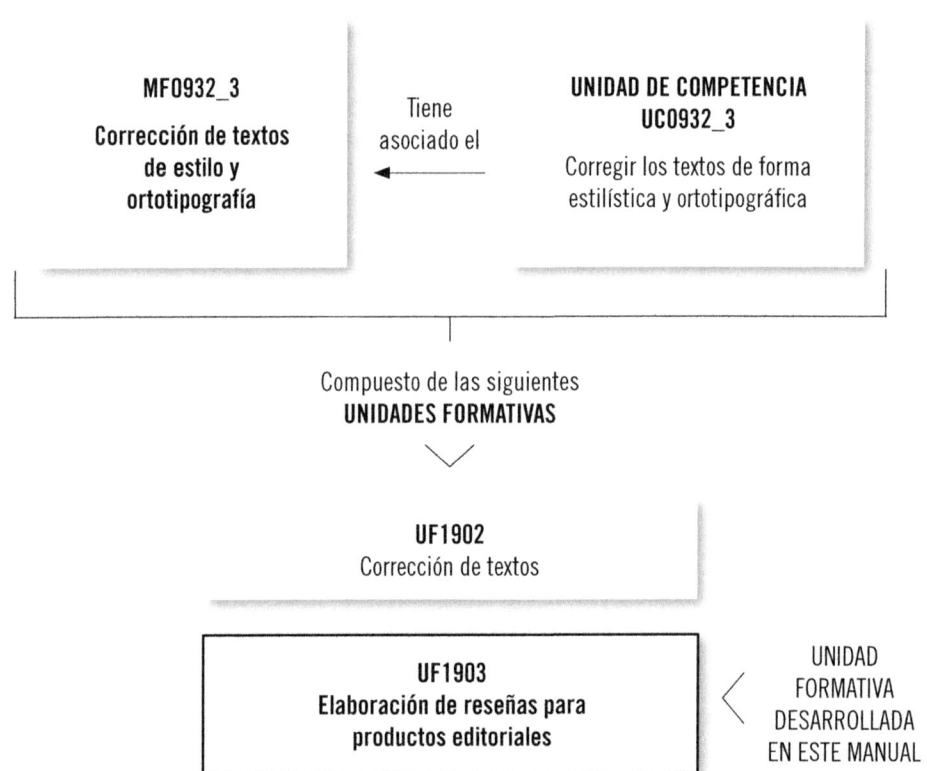

FICHA DE CERTIFICADO DE PROFESIONALIDAD

(ARGN0210) ASISTENCIA A LA EDICIÓN (R. D. 1520/2011, de 31 de octubre)

COMPETENCIA GENERAL: Asistir y colaborar en la gestión y edición editorial, realizando la corrección estilística y ortotipográfica de textos, gestionando la contratación de los derechos de autor de textos e imágenes y organizando los contenidos de la obra, manteniendo los criterios y calendarios del programa de la editorial.

Cualificación profesional de referencia		Unidades de competencia	Ocupaciones o puestos de trabajo relacionados:
ARG292_3: ASISTENCIA A LA EDICIÓN (R. D. 1135/2007, de 31 de agosto)	UC0931_3	Colaborar en la gestión y planificación de la edición	• 2921.1032 Corrector de estilo • 2921.1069 Lectores de originales • 3129.1086 Técnico editor • 4222.1023 Corrector ortográfico • Asistente de editor de libros • Asistente de editor digital • Técnico en derechos de autor • Asistente de editor de fascículos • Asistente de editor de revistas • Asistente de agente literario
	UC0932_3	Corregir los textos de forma estilística y ortotipográfica	
	UC0933_3	Organizar los contenidos de la obra	
	UC0934_3	Gestionar la contratación de derechos de autor	

Correspondencia con el Catálogo Modular de Formación Profesional

Módulos certificado	Unidades formativas	Horas
MF0931_3: Gestión y planificación editorial	UF1900: Gestión del producto editorial	70
	UF1901: Presupuesto, viabilidad y mercado del producto editorial	50
MF0932_3: Corrección de textos de estilo y ortotipografía	UF1902: Corrección de textos	60
	UF1903: Elaboración de reseñas para productos editoriales	40
MF0933_3: Organización de contenidos editoriales	UF1904: Definición y diseño de productos editoriales	70
	UF1905: Tratamiento de textos para contenidos editoriales	60
	UF1906: Selección y adecuación de la imagen para productos editoriales	50
MF0934_3: Contratación de derechos de autor		90
MP0400: Módulo de prácticas profesionales no laborales		80

Índice

Capítulo 1

Lenguaje periodístico y lenguaje publicitario

Contenido

1. Introducción

Hoy día, en un mundo como en el que vivimos, hablar con los demás puede hacerse de formas múltiples y muy variadas: a través de las redes sociales, teléfono móvil, correo electrónico, cartas, mensajes de texto, etc. La comunicación, es el proceso de poder entenderse con el otro u otros y transmitir algún tipo de información, es algo perfectamente concebible casi en la mayoría de los casos, sea cual sea el momento y el espacio, si no por una vía por otra.

Por ello, en este primer capítulo se expondrá la comunicación, los elementos indispensables para ella y las distintas formas de llevarla a cabo. Además, se analizarán dos tipos de comunicación en concreto: la periodística y la publicitaria. Cada uno de estos tipos de lenguajes posee sus propias características y estilos, y se le dará cabida en este estudio. El fin es poder distinguir con la mayor precisión posible cómo se acercan a nosotros estos tipos de mensajes y con qué intención.

2. La comunicación y el lenguaje

El ser humano necesita hablar con los demás, compartir sus experiencias, expresar lo que siente, contar sus deseos..., en definitiva, relacionarse con otras personas de alguna forma. Esta relación se produce a través de la comunicación. "Comunicar" es, por tanto, hacer saber al otro lo que uno piensa, siente o desea, es decir, transmitir información a los demás.

Los animales también se comunican y este proceso posee diferencias con respecto al de los humanos. En la comunicación humana, por ejemplo, el sujeto tiene la voluntad de expresarse y la posibilidad de mentir, aspecto que no se da en el mundo animal. Por su parte, en este último, la comunicación es genéticamente hereditaria y los seres transmiten estados de hambre, de miedo, etc. Cada especie tiene su propio "idioma" para expresarse, por ejemplo, se conoce que las abejas poseen un lenguaje muy complejo.

La forma de transmitir información del humano más corriente y utilizada es hablando, de hecho, es la más importante. Para ello, se vale de los signos lingüísticos, que son las palabras propiamente.

El lenguaje ha permitido que el ser humano a lo largo de su existencia haya creado un sistema de signos lingüísticos y de sonidos articulados que es el lenguaje verbal. Cada comunidad lingüística, es decir, cada grupo de personas que habla la misma lengua, ha creado su propio sistema de signos y, por ello, han ido naciendo las diversas lenguas en diferentes zonas geográficas del planeta.

 Nota

No se debe confundir lenguaje, que es la capacidad de comunicarse cualquier ser vivo con sus semejantes, con lengua, que es el sistema de palabras que cada comunidad lingüística utiliza, es decir, cada idioma.

Ahora bien, hablar no es la única forma de comunicarse. Existen otros modos en los que las palabras no tienen lugar. Por ejemplo, una imagen, una mirada, un sonido, un gesto, etc.

En la imagen que a continuación se expone, el ser humano de forma universal entiende lo que quiere decir, hable el idioma que hable: invoca el silencio.

**El gesto de llevarse el dedo a la boca
sellando los labios significa silencio**

2.1. Componentes de la comunicación

En cualquier proceso de comunicación intervienen seis elementos que a continuación se exponen.

- El **emisor:** es la persona que decide transmitir información.
- El **receptor:** es quien recibe la información que el emisor ha querido mandar.
- El **mensaje:** es la información en sí misma, el contenido de lo que el emisor pretende comunicar.
- El **canal:** es el medio por el que circula el mensaje. Puede ser natural (como el aire por el que se transmiten los sonidos, las palabras) y artificial o técnico (que es un medio creado por el hombre como por ejemplo, el teléfono, la prensa, Internet, etc.). Es frecuente la mezcla de varios canales en las distintas situaciones.
- El **código:** es el conjunto de signos utilizados para enviar el mensaje y las reglas o normas que se utilizan para que el receptor lo comprenda sin problema. Esto es, el idioma que se utiliza según la forma de comunicarse. Para que la comunicación tenga éxito es necesario que tanto el emisor como el receptor conozcan dicho código. Pues, si dos personas no hablan el mismo idioma no se entenderán, salvo por gestos. Así, por ejemplo, mover la cabeza de arriba a abajo o la palabra "sí" representan la misma idea de afirmación. Son signos de dos códigos diferentes: el de los gestos y el de las palabras, que transmiten el mismo mensaje.
- Por último, la **situación** o contexto: son todas las circunstancias que rodean al proceso comunicativo y afectan tanto al emisor como al receptor. Si ambos no las comparten, es posible que el mensaje no se comprenda. Se relaciona con la respuesta a las preguntas: dónde, cuándo y cómo.

 Sabía que…

El reglamento vial o de circulación es el código más universalmente utilizado y conocido ya que es el idioma que tienen todos los conductores en las carreteras de todo el mundo.

A continuación, se expone un esquema de los elementos de la comunicación que se ha explicado y la relación que cada uno tiene con los demás.

Elementos del proceso comunicativo y relación entre ellos

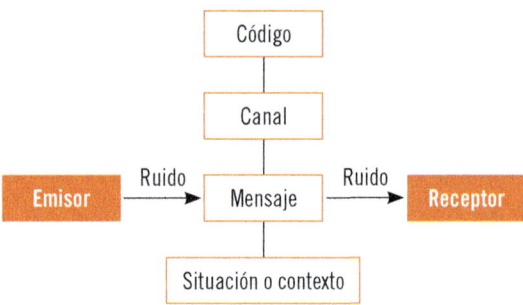

En comunicación, se denomina *ruido* a toda señal no deseada por el emisor que se mezcla e interfiere en el canal por dónde se transporta el mensaje. El ruido puede generar que, durante la transmisión del mensaje, los diversos tipos de perturbaciones que ocurran sobre el mensaje original, distorsionen la intensión del emisor.

Un ejemplo característico son los ruidos en las señales radiales de Amplitud Modulada que se perciben como una "lluvia" constante. Otro ejemplo, son las *fakes news* en relación a determinados temas que circulan, principalmente, en las redes sociales.

 **Actividades**

1. Explique en esta imagen cuáles son los elementos de la comunicación.

Continúa en página siguiente >>

<< Viene de página anterior

2. Investigue el lenguaje de alguna especie animal e intente determinar los elementos de comunicación.

2.2. Funciones del lenguaje

Cuando una persona transmite una información esta siempre conlleva una finalidad. El interés que el emisor tiene a la hora de enviar su mensaje es lo que se llama: intención comunicativa. Para expresar distintas intenciones comunicativas se utiliza el lenguaje de diferentes modos. Estos modos dan lugar a las variadas funciones del lenguaje.

En general, en un mensaje confluyen varias funciones a la vez, pero siempre predomina una más que las otras. A continuación, se analizarán las seis funciones del lenguaje que a su vez están relacionadas intrínsecamente con el proceso de comunicación.

■ La función **representativa** o referencial: con ella, el lenguaje se utiliza para transmitir información sobre la realidad: el paisaje, el tiempo, la descripción de un escenario, etc. Está relacionada con el contexto o situación del proceso comunicativo y es la más utilizada. Por ejemplo: "Hoy hace mucho calor", "En el salón hay un sofá rojo", "Cuando fui al cine me encontré con Silvia".

- La función **apelativa** o conativa: es aquella en la que el emisor intenta provocar una reacción en el receptor para que este haga algo. Está estrechamente relacionada con el receptor, pues, se pretende conseguir que realice alguna acción. Por ejemplo: "¿Podrías cerrar la ventana, Carlos?", "Vete a tu cuarto a hacer los deberes ya", "¿Me pondría un kilo de fresas?".

- La función **expresiva:** está relacionada con el emisor porque emite aspectos de su mundo interior: las emociones, los sentimientos, las vivencias, sus estados de ánimo como alegría, sorpresa, temor, tristeza, etc. Además, ayuda en la comunicación los tonos, los gestos y el volumen de la voz del emisor cuando informa de su yo. También es muy frecuente utilizar interjecciones y frases exclamativas. Por ejemplo: "¡Qué frío tengo!", "Hoy estoy muy contento", "Me duele la cabeza".

- La función **fática** o de contacto: sirve para establecer la comunicación y saber si esta sigue y no se ha cortado. Está relacionada con el canal en el proceso comunicativo. Se usan muy asiduamente en las fórmulas de saludo con que se abre el canal, en las de despedida con que se cierra, o en las muletillas con las que se comprueba que el canal sigue abierto. Por ejemplo: "¡Hola!, ¿qué tal?", "Oye, ¿me estás escuchando?", "Nos vemos mañana, adiós".

- La función **metalingüística:** está relacionada con el código. Se usa para hablar de la propia lengua, del significado de las palabras, de la ortografía, etc. Aparece en los libros de Lengua (de cualquier lengua), en los diccionarios, en las gramáticas, en las ortografías, etc. Pero también en la lengua común, como cuando alguien nos pregunta cómo se escribe una palabra. Por ejemplo: "¿Has dicho "actitud" o "aptitud"?", ""Ventana" se escribe con "v"", "La segunda lengua más hablada del mundo es el inglés".

- Por último, la función **poética** o estética: intenta resaltar la forma y sorprender al receptor, no solo por el contenido del mensaje que transmite sino también por el modo de decirlo. Es propia del arte y, en concreto, de la literatura. Aunque, se utiliza también en la publicidad o en algunos momentos de la vida diaria. Por ejemplo: "Cariño, cada día tus ojos son más bonitos", "Volverán las oscuras golondrinas", "L'oreal, porque tú lo vales".

Ahora se presenta en este esquema la relación de cada una de las funciones del lenguaje con su elemento del proceso comunicativo.

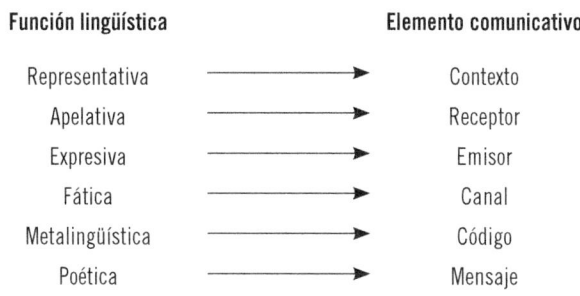

Función lingüística	Elemento comunicativo
Representativa	→ Contexto
Apelativa	→ Receptor
Expresiva	→ Emisor
Fática	→ Canal
Metalingüística	→ Código
Poética	→ Mensaje

 Nota

El *ruido* en la comunicación puede entenderse y asociarse con todas las funciones del lenguaje, ya que afecta en general a todo el proceso comunicativo.

 Aplicación práctica

A continuación se expone un artículo del periodista Manuel Vincent titulado "Llamada", en él se explica una cita de dos jóvenes por primera vez tras un continuo contacto por otras vías de comunicación como Internet. Esta comunicación que los chicos tienen posee una característica especial en cuanto al canal. ¿Podría decir por qué es especial el canal en este proceso comunicativo?

"No había nadie en el bar salvo ellos dos, una pareja de adolescentes sentados frente a frente, bebiendo inocentes refrescos de naranja. En la mesa entre los vasos habían dejado abierto los teléfonos móviles, que sonaban a veces y entonces él o ella se ponía a charlar alegremente con un ser ajeno e invisible mientras el otro se quedaba hierático. El chico estaba muy enamorado de la chica, pero era incapaz de manifestarle su

Continúa en página siguiente >>

<< Viene de página anterior

pasión. Solo se atrevía a mirarla con intensidad a los ojos y ella ya había captado las turbulencias del corazón de su amigo y también le amaba, pero no podía ayudarle en nada, debido a su extremada timidez. Hablaban de cosas anodinas, sin comprometerse en absoluto. Las palabras iban del uno al otro directamente a través de la vibración del aire sobre el mármol de la mesa. El chico necesitaba declararle su amor y la chica esperaba que lo hiciera ya de una vez, un sueño imposible, porque entre ellos había una barrera psicológica insalvable. Cualquier gesto o inflexión de voz, al estar sus rostros tan cerca, podía delatar un sentimiento íntimo y eso les llenaba de terror. Había media luz en el bar, el hilo musical vertía una melodía propicia y los labios de los enamorados permanecían a una mínima distancia infranqueable. El corazón de los adolescentes tiene hoy un compartimento más. Se compone de dos ventrículos, de dos aurículas y de un teléfono móvil, que también bombea sangre. De pronto, este joven tímido y enamorado tuvo una inspiración. Usó el móvil para hablar con la chica que tenía delante sin dejar de mirar profundamente a los ojos. Cuando sonó la llamada la chica descolgó. La pareja comenzó a hablarse de forma descarnada como si fueran invisibles. Ninguno de los dos ignoraba que a través de los móviles su voz se convertía en ondas electromagnéticas, viajaba al espacio sideral y luego volvía para penetrar en el cerebro del otro. Brutalmente desinhibido el chico le dijo que la amaba. La chica le contestó que todas las noches soñaba con él, pero sus expresiones de amor sin amarras tenían dos vehículos: una voz recorría el aire sobre la mesa del bar por medio de la vibración natural y sonaba terriblemente vulgar; la otra baja desde un satélite de la estratosfera cargada de libertad e imaginación. "Te amo, te amo" –le decía el chico-. "Oigo dos voces a la vez, ¿a cuál de ellas debo creer?" –preguntó ella-. El chico le dijo que creyera en el amor que a través de las ondas magnéticas le llegaba por la sangre hasta el corazón".

SOLUCIÓN

El canal en este caso es doble. Todos los elementos de la comunicación son unitarios: emisor, receptor, mensaje, contexto y código. Sin embargo, llega un momento en que el canal se divide: uno, natural que es el aire por donde les llega una voz a través de él; y otro, artificial que es el teléfono móvil por el que también hablan.

2.3. La comunicación de masas

En una sociedad como la actual lo que prima es la información a través de heterogéneos y muy variados canales. El gran avance técnico, la competencia entre los distintos medios audiovisuales y la intrusión de las tecnologías en las vidas del ser humano son la causa de que cada vez se esté más informado, de que se pueda elegir la vía de información que se quiera y de que ello determine tanto el día a día del individuo como las relaciones sociales y personales de este para con el mundo.

Los medios de comunicación tradicionales más importantes son: la prensa escrita, la radio y la televisión. No obstante, hoy día existen otros medios que no hay que pasar por alto y cuyo seguimiento es prácticamente absoluto por parte de la ciudadanía. Estos medios tienen la particularidad de que son instantáneos y cuyas fuentes en muchos casos con los propios sujetos en sí de la noticia (por ejemplo, algún futbolista que cuenta él mismo una información). Estas vías de comunicación son: las redes sociales (especialmente Twitter) o Internet, las cuales cada día poseen más seguidores.

Lo que sí es cierto es que nunca antes como en la actualidad han tenido tanta importancia los medios de comunicación. Se dice que la sociedad es llamada precisamente "la sociedad de la información", hasta tal punto que se mira la riqueza de los países según la cantidad de información que sus habitantes manejen.

Lógicamente el modelo de mensaje del emisor o editor, el canal con el que cuenta, los elementos que utiliza, la disposición de estos, el tipo de receptor a quien se dirige y los efectos que persigue en él, condicionan la naturaleza y las características formales y de contenido de los textos informativos.

Por tanto, los medios de comunicación masivos o de masas, también llamados medios de comunicación *Mass media*, son aquellos que reciben simultáneamente una gran audiencia o público. El objetivo de estos medios es formar, informar y entretener a aquel que tiene acceso a ellos. Según los intereses que defiendan, el empresario o grupo empresarial que dirige estos medios, busca el beneficio económico a través de la publicidad. Además, influye a su público ideológica, social y políticamente.

El término de comunicación de masas es el nombre que recibe la interacción en sí entre el emisor único (o comunicador) y un receptor masivo (o audiencia) que suele ser un grupo muy numeroso de personas que cumplen tres condiciones: ser grande, heterogéneo y anónimo.

 **Definición**

Mass media

Expresión de origen inglés cuyo segundo componente, *media,* es un latinismo, plural de *médium.* Ambos significan literalmente: "medios de masas". Con ello, se refiere al canal comunicativo que es artificial: hecho por el hombre y exclusivamente para el hombre.

 Actividades

3. ¿Cuáles son las funciones del lenguaje utilizadas en estas imágenes?

Continúa en página siguiente >>

<< Viene de página anterior

4. Comente cuál es su canal de información más utilizado y por qué.

3. Características del lenguaje periodístico

El periodismo, sobre todo en la prensa escrita, produce unos textos particulares que, en suma, permiten afirmar la existencia de un género periodístico en sí mismo. Este género está presente en los medios de comunicación tradicionales (prensa, radio y televisión), porque entre ellos se han bifurcado varios caminos además de los ya conocidos.

Por ejemplo, las cadenas de televisión suelen ofrecer Teletexto o páginas web para poder disfrutar de todos sus contenidos en el momento en el que el espectador elija. Por su parte, los periódicos más importantes tienen ediciones digitales, cada vez de mayor importancia y sus propios perfiles en las redes sociales. La radio ofrece a través de Internet, además de los contenidos sonoros que le son propios, información escrita y visual, con imágenes fijas y en movimiento. Como se ve todo está indicado y pensado para que la ciudadanía pueda acceder a todo tipo de información en el momento en que desee y del modo en que pueda y quiera.

Sabía que...

El periodismo nació en el siglo XV difundiéndose a través de manuscritos. Poco después con la invención de la imprenta aparecen las primeras gacetas. Pero es en el siglo XIX cuando este género alcanza su punto álgido con la difusión de distintas ideologías sociales y políticas y con periodistas (normalmente escritores) muy comprometidos con el país. Uno de los más importantes es Mariano José de Larra.

En esta comunicación periodística no se produce diálogo ni ningún tipo de intercambio: el emisor, activo, controla la comunicación; y el receptor, pasivo, anónimo y sin acceso a las fuentes de la información, confía en la veracidad de lo que transmite el mensaje. Se trata, por tanto, de una comunicación unilateral.

El lenguaje periodístico está condicionado por una serie de factores como son: la actualidad, los avances técnicos, la influencia de lenguas extranjeras en los neologismos (especialmente, el inglés), el contagio de otros tipos de discursos (por ejemplo, el político) y, en algunos casos, una ambigüedad intencional del mensaje y cierto descuido en los usos lingüísticos. A continuación, se expondrán las características más destacadas de este género.

Definición

Neologismo
Palabra nueva que aparece en una lengua. Existen dos tipos de neologismos: los que proceden de otra lengua (**computadora** de 'computer', o **clickear** de 'click'), o de nueva creación **(navegador, reubicar).** Se crean para nombrar actividades, objetos, acciones, etc., que no existían anteriormente. Con el tiempo y poco a poco estas palabras se van generalizando y dejan de ser neologismos.

Actividades

5. Busque en algún artículo periodístico tres palabras neológicas que vengan del inglés.

6. Investigue sobre qué tipo de artículos periodísticos escribía Mariano José de Larra.

3.1. Concisión, tendencia al cliché, sintaxis sencilla, objetividad

La forma de escribir en la prensa audiovisual y escrita es la que sigue a la lengua estándar según dicta la Real Academia Española. El género periodístico se debe alejar tanto de la vulgaridad como de los tecnicismos innecesarios para garantizar el acceso a un público lo más amplio posible.

En general, todo medio de difusión persigue tres objetivos: informar, orientar y entretener. Por ello, el uso de la lengua variará según el fin que prevalezca en un determinado espacio informativo. Por ejemplo, en un telediario matinal predominarán las noticias de sucesos, políticas y económicas. Por su parte, en un programa de radio, hay más lugar para el entretenimiento, el debate o la opinión de los espectadores. Esto es, cada momento periodístico se adaptará al tiempo, el público y el fin que persigue.

No obstante, no se puede pasar por alto que detrás de estos objetivos teóricos se esconde con demasiada frecuencia la voluntad de influir sobre la opinión pública e, incluso, en el caso de algunos medios en ocasiones, de manipularla.

Se ha expuesto que el ideal del estilo periodístico se basa en la corrección lingüística, es decir, en el uso del lenguaje ajustado a la norma del español. Sin embargo, teniendo en cuenta la heterogeneidad de subgéneros periodísticos (columnas, opinión, reportaje, entrevistas, etc.), es inevitable que se agrupen rasgos generales que no todos ellos poseen siempre.

Ahora bien, en todo escrito periodístico se podrán encontrar en mayor o menor medida las siguientes características.

- **En primer lugar, la concisión:** es decir, la información se ajusta a una cantidad de tiempo y de espacio televisivo, radiofónico o escrito. Si bien la cantidad de información es desmesurada en la actualidad, siempre se tiende a transmitir la mayor suma de información posible en el menor espacio. Para ello, hay que seleccionar qué información emitir y cuánto dedicarle, contando lo fundamental sin ningún tipo de digresión. Se aplica la máxima de "comience lo más cerca del punto final". Por ejemplo: "La Presidenta de Andalucía se reúne con el Alcalde de Málaga para hablar sobre el metro en la ciudad".

- **En segundo lugar, la tendencia al cliché:** la urgencia misma que presiona al redactar los textos periodísticos junto con la búsqueda de la concisión, fomenta la creación de un lenguaje con cierta tendencia al cliché fácilmente observable en la prensa. Recursos como el uso de frases hechas, metáforas manidas y respuestas tópicas se pueden observar en cualquier medio de comunicación con bastante frecuencia. Por ejemplo: "Aunque la recesión haya pasado no hay que dormirse en los laureles", "Algunos ciudadanos declaran en la manifestación que la situación que viven es como un auténtico infierno", "Como era de esperar la oposición no está de acuerdo con el Gobierno en la medida llevada a cabo".

- **En tercer lugar, la sintaxis sencilla:** la utilización de oraciones cortas y de un léxico simple es lo que persigue la escritura periodística para facilitar la comprensión de los textos y llegar a un amplio y diverso público. Los elementos de la oración deben estar dispuestos siguiendo el orden lógico: sujeto (qué, quién), verbo (acción), complementos (directo [a qué, a quién], indirecto [a quién], circunstancial [dónde, cuándo, cómo]). Este orden solo se ve alterado en el caso que se quiera destacar alguno de sus componentes por la información en sí misma o el motivo que se persigue según el estilo del escritor. Por ejemplo: "La probabilidad de lluvia se reduce al mínimo a partir del sábado por la tarde", este orden de frase sería lógico. Sin embargo, en estos casos, se presenta primero el objeto, el hecho en sí antes que el sujeto del que se habla: "Prisión sin fianza para la madre presuntamente parricida", "Detenido un arquitecto técnico del Ayuntamiento".

- **Por último, la objetividad:** lo que debe pretenderse a la hora de presentar una información por el medio que sea es la mayor veracidad posible, es decir, el tratamiento más fiel a la realidad. Por ejemplo: "La ONCE deja 350.000 € en Villanueva del Rosario", "Un automóvil atropelló a un anciano y se dio a la fuga", "El Banco de España presenta cómo sus beneficios han ascendido en este último trimestre". Sin embargo, la presencia de adjetivos valorativos o los pronombres y formas verbales en primera persona es un síntoma inequívoco del subjetivismo que prima algunas veces en la información. Por ejemplo: "En un barrio tranquilo repleto de gente sencilla y trabajadora, de buenas a primeras, se ha visto sacudido por un tremendo suceso: el asesinato de una joven y de su hijo de cinco años por un indeseable asesino que dice que se intentó suicidar, cuando nadie sabe hasta qué punto le hubiésemos agradecido todos que lo hubiera hecho antes de ir a matar a su compañera y al niño en la máxima expresión de la cobardía", "El gran equipo merengue cada vez más cerca de conseguir la Liga", "El dichoso tabaquito se ha convertido en un debate político". Con todo, muchos autores afirman que la objetividad pura no existe, ni podrá existir nunca en los medios de comunicación porque detrás siempre hay un sujeto que selecciona, omite y escribe.

 Sabía que...

Algunas veces la concisión es tal que puede traer consigo errores significativos o semánticos que dan lugar al humor: "Un avión español se estrella en Turquía por tercera vez en lo que va de año", "Un bebé de 21 años resultó ileso tras caer desde un segundo piso a la calle", "Cielos con nubes y claros, con riesgo de alguna preocupación aislada".

 Aplicación práctica

Lee este fragmento de un artículo del autor Arturo Pérez-Reverte y comente qué tipo de sintaxis observa.

Continúa en página siguiente >>

<< Viene de página anterior

"Plaza del Callao, Madrid. Doce y media de la mañana. Tirado en el suelo sobre una manta y cartones, junto a un cochecito de niño cargado de paquetes y chismes, entorpeciendo el paso de la gente, un fulano barbudo, sucio, corpulento. La postura es de lo más *relaxing cup* de café con leche in Madrid, que diría la alcaldesa Ana Botella: tiene una pierna cruzada sobre otra -y quizá porque está tumbado al sol y hace calor- los pantalones bajados hasta las ingles, mostrando unas carnes mugrientas e hirsutas y unos calzoncillos de sospechosos tonos pardos. Al llegar a su altura, la peña se aparta con precaución, creándole en torno una pequeña tierra de nadie".

SOLUCIÓN

En este fragmento se utiliza una sintaxis muy sencilla, fácilmente comprensible para la mayoría del público y con unos términos muy directos e incluso a veces, demasiados coloquiales (la peña, chismes). Es el principio de un artículo de este autor *Relaxing cup in Madrid* y va dirigido a un público de formación media. La estructura sintáctica es la normal y esperada: sujeto, verbos y predicados, sin órdenes alterados ni dificultades añadidas.

---

4. Subgéneros periodísticos

El género periodístico no solo se dedica a informar sobre el mundo y la realidad en la que se vive, sino que, además, interpreta lo expuesto dejando entrever con más o menos sutileza su punto de vista. Para este fin, los periodistas se sirven de mecanismos de persuasión con más o menos frecuencia. Incluso en ocasiones utilizan la manipulación en mayor o menor medida.

Estas interpretaciones y opiniones se pueden llevar a cabo de muchas maneras: la selección de noticias, la duración o localización de estas en las páginas periodísticas o informativos audiovisuales, los temas que trata y el lugar que le corresponde según el medio, o bien cómo se informa de este asunto y con qué tipo de adjetivos.

Por todo ello, no se debe pasar por alto los argumentos que en cada información se exponen ni la causalidad que ella presenta (quién hace qué y a quién).

Ni, por otro lado, olvidar nunca la intencionalidad del emisor a la hora de transmitir un asunto en concreto y qué fines persigue en el lector o espectador pues, de una forma u otra siempre busca un objetivo más o menos patente.

En definitiva, tanto en unos medios como en otros (ya sean tradicionales: periódicos, revistas, televisión, radio...; o contemporáneos: prensa digital, multimedia, redes sociales, Internet...), los textos periodísticos se articulan en torno a dos grandes fines: por un lado, informar y difundir noticias que es el principal; por otro lado, formar y divulgar opinión en sociedades democráticas y abierta de miras.

4.1. Informativos: la noticia, la crónica, el reportaje y la entrevista

En los **textos informativos** lo que predomina es la transmisión de mensajes sobre hechos o asuntos concretos y normalmente ocurridos en la actualidad en que se vive. También pueden tratarse temas sobre el pasado pero debe saber el periodista qué es de interés para los lectores a los que se dirige.

Ahora bien, en este tipo de textos en los que su gran función e importancia es informar, debe carecer absolutamente de opiniones personales del escritor, juicios de valor y cualquier tipo de subjetividad. Esto es, se presenta la noticia en sí basada en la absoluta objetividad.

Existen algunos tipos de textos informativos que predominan en los medios. A continuación, se exponen con sus particularidades.

Noticia

En primer lugar, la **noticia** es la base de toda la información periodística, es la esencia, es la que hace nacer el periodismo, es la materia prima de todos los medios de comunicación. Su característica principal es que trata de un suceso reciente de la actualidad que interesa a un público (heterogéneo, numeroso y anónimo) pero que no tiene conexión alguna con el acontecimiento en sí.

Ahora bien, a lo largo de un día por ejemplo, se producen muchísimos hechos en todo el mundo. Por tanto, es absolutamente necesario jerarquizar aquellas noticias que se seleccionen para ser presentadas. Todo ello se lleva a cabo según unos criterios que el propio medio tiene en cuenta.

Nota

Todos los periódicos poseen de forma general unos criterios de clasificación de contenidos, por ejemplo: la cercanía en el tiempo y en el espacio, la importancia del protagonista en el suceso, las consecuencias que el hecho ha traído, la singularidad que este posee, el interés humano que pueda conllevar (entretenimiento, emociones humanas...), etc.

Generalmente, cualquier tipo de noticia posee una estructura fija que consta de tres elementos por lo menos:

- Primero, el titular que a veces va acompañado de antetítulo y subtítulo. Funciona como selector de noticias e intenta despertar el interés del lector porque en él se indica concisa y esencialmente el contenido de lo que se va a leer. Por ejemplo, titular: "Colegios e institutos afrontan el nuevo curso con ordenadores sin reparar desde el año pasado".
- Segundo, la entradilla que resume la información básica de la noticia. Se continúa con el ejemplo de la enseñanza anterior: "Docentes y sindicatos denuncian retrasos en las reparaciones en las averías y que los equipos de aula se han quedado obsoletos". La entradilla suele ser más extensa y explica con menos concisión el asunto. Suele responder a las preguntas fundamentales que todo noticia periodística debería responder (qué, cuándo, cómo, quién, dónde y por qué).
- Por último, el cuerpo o información en sí que detalla los elementos que antes se expusieron de un modo más desarrollado y extenso. Su orden suele ser: el primer párrafo se ocupa de los datos más importantes y los siguientes recogen la información que decrece en interés. Esta estructura se la conoce como la de la pirámide invertida.

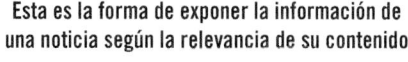

**Esta es la forma de exponer la información de
una noticia según la relevancia de su contenido**

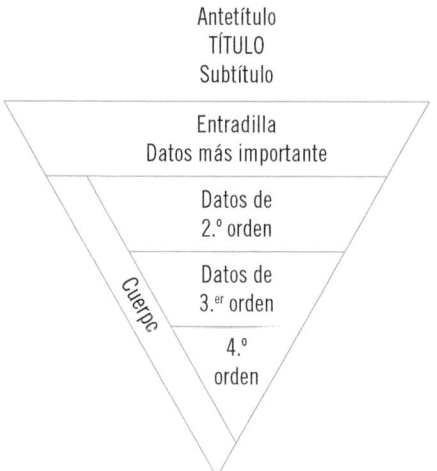

Antetítulo
TÍTULO
Subtítulo

Entradilla
Datos más importante

Datos de
2.º orden

Datos de
3.ᵉʳ orden

4.º
orden

Cuerpo

 **Nota**

Las preguntas que debe responder la entradilla nacen en el periodismo inglés y se hace referencia a "las seis W" que responden a lo importante de la información: *what* (hecho), *when* (tiempo), *how* (modo), *who* (autor), *where* (lugar), *why* (causa).

A lo largo del tiempo este esquema tradicional sigue estando vigente. No obstante, desde que las nuevas tecnologías se aplican ha variado la forma en la que se presenta la información por la extensión que exige Internet o el espacio disponible que tiene el periodista. He aquí el ejemplo de una información en el la red social X: "La noticia de la mañana: El Ayuntamiento quiere una bajada de los valores catastrales para 2030". Careciendo de entradilla, titular y cuerpo al estilo tradicional como se ha expuesto. Solo se observa un titular de extensión muy reducida y concisa.

Sabía que...

En la prensa escrita la presentación de la información más importante se articula según un código en el que se tienen en cuenta los siguientes puntos: la página donde aparece la noticia (destaca la impar sobre la par), la situación de la noticia en esta página (se ve más la parte superior), el número de columnas que se le dedican, la tipografía (tamaño y tipo de letra) y la inclusión o no de imágenes relacionadas. Todo ello hace que la noticia llame la atención al primer vistazo y de una manera inconsciente se vaya directamente a estos textos.

Crónica

Este tipo de información se refiere a hechos y asuntos que ocurren en un día o días. Se suele buscar los antecedentes y consecuencias de los temas en sí y, con frecuencia y sutileza, la información aparece ligada a la interpretación del periodista. En general, destacan las crónicas de guerra, taurinas, deportivas y cinematográficas (en festivales).

Ejemplo

Se presenta un fragmento: "Hoy en el festival de San Sebastián que va por su sesenta y una edición, ha recogido el premio el reconocido y simpático actor Hugh Jackman por toda una trayectoria en su carrera cinematográfica. Entre el público se encontraba su familia y muchos de sus amigos que lo han apoyado al recoger el premio. Mañana será la película de Woody Allen la que se presente ante el jurado".

Reportaje

Es un texto con una estructura muy similar a la noticia: con titular, entrada y el cuerpo de la información. Sin embargo, el reportaje trata el tema más ampliamente, es decir, aporta otro tipo de datos que en la noticia no tienen lugar, como testimonios de personas, describe el ambiente y contexto donde se desarrolla la acción, explica los antecedentes de la historia, etc.

Por otro lado, otra diferencia con la noticia es que este posee un estilo más personal y tienen cabida reflexiones y preguntas que invitan a recapacitar sobre el tema que trata por parte del periodista. Además, el reportaje tiene el nombre del autor al final y, por tanto, tiene autoría explícita para el público.

Por ello, en muchas ocasiones se habla de un género híbrido que une la información y la opinión. Sin embargo, pese a que se ha dicho que en el reportaje tiene cabida la opinión personal, este debe atenerse a unas normas veraces que obliguen al reportero a contrastar sus fuentes y a no incluir datos que no haya probado antes.

Los temas que trata son muy variados: pueden ser actuales o no tan actuales. A veces, un acontecimiento, una efeméride o un contexto similar hace que se recuerde otro hecho ocurrido en el pasado y se realice un reportaje sobre ello. Se puede centrar en una persona, en una comunidad, en un acontecimiento y sus consecuencias, en el funcionamiento de algún servicio, en el desarrollo y oferta cultural de una localidad, etc. Por ejemplo, cada once de septiembre se realizan distintos reportajes sobre el atentado de las Torres Gemelas: cómo sigue la ciudad desde entonces, lo que supuso aquel atentado terrorista, se recuerda otra vez qué ocurrió, se recogen testimonios, etc.

Entrevista

Es un diálogo entre una o más personas en la que un periodista, o más, preguntan a un invitado o varios. Se realizan interrogantes al invitado especialmente pensadas sobre un tema que interese al lector u oyente, aporte conocimientos nuevos y de manera que se entienda claramente y sin dificultades.

Se distinguen dos tipos de entrevistas según el tipo de preguntas, el interés y el personaje al que se le cuestione:

- **La entrevista de declaraciones:** su fin es informar sobre las opiniones de una persona que interesa según el puesto o profesión que desempeñe (político, experto, etc.). Primero se presenta al entrevistado y luego se empieza en turno de preguntas y respuestas. Por ejemplo: "Según sus colegas economistas, saldremos de la recesión en los seis próximos meses, ¿piensa usted así, señor Bonilla?".

- **La entrevista perfil:** en este caso la importancia del entrevistado radica en su popularidad (actor, escritor, cantante, artista, etc.). Se alternan con las preguntas su descripción, datos biográficos y comentarios o explicaciones del periodista. Las respuestas del entrevistado se reproducen entre comillas y literalmente lo que el personaje exprese. Por ejemplo: "Como periodista pregunto a Alejandro Sanz, ¿qué piensas de la situación actual de su país? "Hombre, verás, la situación de mi país es complicada, sobre todo para aquellas personas con un nivel adquisitivo medio, pero creo que hay que ser optimistas y pensar que todo pasa"".

 Actividades

7. Busque en cualquier periódico una noticia y localice su entradilla. Después pregunte con las cuestiones de "las seis W" (qué, quién, cómo, por qué, cuándo y dónde), para ver si lo responde todo y está bien compuesto el texto informativo.

8. Señale qué tipo de entrevista son estas líneas y justifique su respuesta.

"El ministro español de Economía y Competitividad, Luis de Guindos, cree que la incipiente mejoría económica en España demuestra "la calidad de las políticas" de austeridad aplicadas en la eurozona. En una entrevista publicada hoy, asegura: "Tenemos mucha más confianza que hace seis meses" en que España saldrá de la recesión en el actual trimestre y que se revisará "ligeramente" al alza el crecimiento previsto para el próximo año"".

9. Busque información sobre un reportero de algún informativo y analice cuáles son los temas de sus emisiones.

4.2. Opinión: la columna y el editorial

Además de los textos que se han tratado anteriormente, existe otro tipo de contenidos que refleja la opinión directamente del periódico o de los periodistas sobre las cuestiones que atañen a la sociedad en la actualidad.

No hace mucho tiempo, el público prácticamente solo conocía los acontecimientos a través del periódico. Sin embargo, hoy en día, hay que sumar medios de comunicación nuevos como la televisión, las distintas emisoras de radio, las redes sociales *(X, Facebook...),* los periódicos digitales, Internet, el teletexto, etc. Estos medios posibilitan el acceso a la información casi instantáneamente en el momento en el que se producen los sucesos.

El periódico por su parte, ya no es tan inmediato, es decir, los lectores suelen conocer por otros medios (antes expuestos) muchas de las noticias que se incluyen en él y, por tanto, lo que buscan a partir de ello, es ampliarlas y reflexionar a través de nuevos comentarios, reacciones, otras opiniones, testimonios directos en el lugar, nuevos datos, etc.

Aquí es donde tienen lugar los siguientes subgéneros periodísticos que a continuación se exponen. En estos textos tienen cabida con absoluta libertad la opinión, la reflexión y la invitación a otros puntos de vista sobre un hecho concreto ocurrido. Por un lado, destaca la columna en particular con nombre y apellido del autor; y por otro, el editorial que sigue la línea del grupo audiovisual.

Columna

La **columna** es un espacio, normalmente fijo en una página y lugar en un periódico o revista, que expone la opinión personal de un articulista normalmente asiduo que trata temas actuales sobre la realidad de forma subjetiva. Suele ser un texto de extensión breve y los temas que trata no son excesivamente profundos en el contenido a causa del espacio destinado a ello. Con frecuenta el articulista se dirige a "sus lectores" a sabiendas de que estos suelen reconocer sus ideas y seguirlo con más o menos costumbre.

Ejemplo

"Una semana más, queridos lectores, me siento en mi ordenador para reflexionar sobre algo que me ocurrió el otro día mientras tomaba un café...".

Editorial

El **editorial** expresa el punto de vista del periódico sobre un acontecimiento actual y se reflexiona sobre ello. Son variables en cuanto al contenido y a la extensión aunque impera la brevedad. No lleva la firma en concreto de su autor. Simplemente refleja la opinión del medio (director, propietario, grupo editorial, etc.) sobre un suceso que puede abarcar una amplia gama de temas. No obstante, predominan los editoriales sobre el tema de la política y la economía. Su lugar de publicación es fijo, en el medio. Siempre el editorial suele ser fiel a su ideología política y eso se distingue, por ejemplo en qué tipo de sucesos son los que denuncian o exponen.

Ejemplo

El editorial de *El País:* "Rechazo generalizado: la falta de alternativa y una mala gestión explican la oposición a la reforma de las pensiones"; o el editorial de *La Razón:* "Cautela frente a alarmismo: es la decisión adoptada por el Gobierno que ordena la suspensión de los trabajos en las instalaciones submarinas de Amposta para prevenir".

 Aplicación práctica

Se expone un editorial de un periódico, en él se expone un suceso de una banda terrorista de la que se opina, y se invita a reflexionar. Existen numerosos adjetivos que muestran la opinión y la línea del grupo editorial. ¿Podría citar algunos y explicar el mensaje que subyace en el texto?

El editorial: "El comunicado de la banda terrorista ETA es cínico e inútil"

"Puede que ETA haya renunciado a la violencia, pero no se ha desprendido del oportunismo, del cinismo y de la banalidad moral que caracterizan sus posiciones en esta etapa de aparente inactividad y cese de los asesinatos y secuestros que le dieron notoriedad y, por lo que se ve, poder. Decir, a estas alturas, que no reniega de su trayectoria es tanto como decir que no sabe por qué ha dejado de matar y reconocer que usa la palabra opresores, para referirse a sus víctimas, a la ley o a la democracia, porque todo cuanto ha defendido y defiende es un puro disparate, una brutalidad sin razón ni corazón, el crimen mismo. Las fuerzas políticas con algún adarme de decencia, y las asociaciones de víctimas, han reaccionado con asco ante este último intento de justificar sus asesinatos como si hubieran sido actos legítimos. Esta manifestación pública de ETA constituye algo más que un desplante cínico, es una nueva amenaza, una manera de advertir que siguen existiendo y que siguen pensando que les asiste alguna razón para hacer lo que hicieron y lo que se les ocurra en el futuro. Es evidente que esta banda sigue existiendo y que no renuncia ni a sus fines ni a sus métodos. Han sido asesinos y lo continúan siendo en la medida en que pretenden que esos asesinatos siempre fueron otra cosa. Es hora de acabar con ellos de una vez por todas. Es profundamente lamentable que una decisión cobarde y equivocada de un tribunal sumiso a una política errada permita a los miembros de esta banda mezclarse con las gentes de bien".

SOLUCIÓN

Se analizarán algunos adjetivos: "adarme de decencia" hace referencia a la poca dignidad que les queda a los políticos que gobiernan en ese momento para seguir dejando que la banda terrorista justifique sus actos. "Profundamente lamentable", "decisión cobarde", "tribunal sumiso" y "política errada" se refieren al Gobierno y a la opinión que le merece este hecho al periódico.

Por tanto, el mensaje que subyace en el texto es que el periódico está en total desacuerdo con la decisión del tribunal de justicia y con la actitud del Gobierno. Critica que le hayan dado estos derechos a la banda a entrar en la democracia como unos ciudadanos más. Y la línea editorial deja claro que siguen siendo unos asesinos si la banda misma no condena los actos que llevaron a cabo en el pasado (secuestros, asesinatos, etc.).

5. Características del lenguaje publicitario

Además del lenguaje y del género periodístico que se ha expuesto con anterioridad y la importancia que posee en la sociedad, no hay que pasar por alto otro tipo de lenguaje, que muchas veces va de la mano con él: el lenguaje publicitario.

La sociedad actual a veces se define como una "sociedad de consumo", pues si uno se fija bien en su alrededor, se ve que estamos totalmente bombardeados por numerosos mensajes publicitarios que buscan estimular la necesidad de comprar el objeto que promocionen.

Por todo ello, el de la publicidad es un lenguaje que va de la mano de los medios de comunicación (que es donde se exponen) y uno de los lenguajes sectoriales más difundidos.

Este tipo de lenguaje posee un fin fundamental: persuadir al receptor. La función lingüística que utiliza principalmente es la apelativa aunque puede tener cabida la función poética para que el mensaje quede más literario y llamativo.

 Nota

La función apelativa es aquella que busca que el receptor haga algo que el emisor quiere que haga, expresado con mayor o menor sutileza. Por ejemplo: "María, te vendría bien cambiarte de camiseta" o "Carlos, haz los deberes ya". La función poética era aquélla que hacía que el mensaje quedara más atractivo. Por ejemplo: "Bien vestido, bien recibido" o "Un Martini invita a vivir".

Hay que tener en cuenta la distinción entre propaganda y publicidad. La primera posee un contenido político, social o religioso. Mientras que la segunda tiene siempre un criterio comercial. A continuación se muestran los siguientes ejemplos de propaganda y publicidad bajo la lente de un mismo concepto.

El siguiente famoso cartel es un buen ejemplo de propaganda política, el cual se originó en la Oficina de Información de Guerra de Estados Unidos:

"Rosie, la remachadora" buscaba generar conciencia en la necesidad de reclutar mujeres para trabajar en las fábricas de armamento, debido a la falta de hombres, como consecuencia de la participación de Estados Unidos en Segunda Guerra Mundial.

Luego, la misma imagen, fue adoptada como símbolo de empoderamiento por diferentes movimientos feministas contemporáneos.

En la misma línea conceptual sobre la construcción del feminismo y el rol de la mujer actual, el siguiente cartel, como ejemplo de propaganda social, busca verbalizar y denunciar los hechos de violencia de género que terminan en femicidio, los cuales siempre han existido a lo largo del tiempo, pero no se visibilizaban como hoy en día. **"Vivas nos queremos"** terminó siendo un eslogan, el cual expresa una necesidad, antes que un deseo.

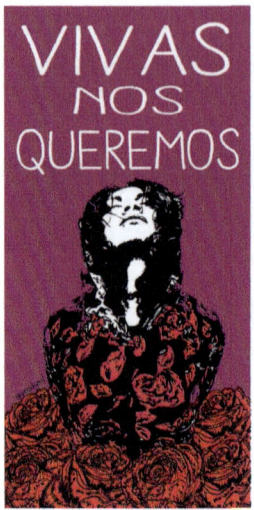

En el siguiente caso se trata de una propaganda religiosa que anuncia un espacio de diálogo construido por el portal www.escuchandoalasmujeres.org, una organización de mujeres católicas que busca crear espacios donde las mujeres latinas de la iglesia puedan expresar sus opiniones y compartir sus experiencias.

La campaña publicitaria "Belleza real" de Dove buscaba generar la identificación con la marca a partir de la significación de la palabra "real", opuesto a la "Ficción" que la misma publicidad generó como mitología de lo que "belleza femenina" debía ser, construyendo estereotipos "irreales".

Los mensajes publicitarios se presentan en multitud de lugares: en las fábricas, empresas de servicios, instituciones, los organismos públicos y privados, paredes en mitad de la calle, etc. Aquí se ve de forma explícita una publicidad por la que es inevitable orientar tu atención al pasar.

A veces es imposible ignorar la publicidad, ya que literalmente se cruza en nuestro camino.

También los mensajes publicitarios se usan a través de carteles, vallas, prensa, radio, cine, televisión, páginas web, correo electrónico, mensajes de teléfonos móviles, correo ordinario, etc., todo ello con el fin de informar a la gente y con la intención de que compren el producto. Este anuncio se puede aplicar en diferentes soportes de comunicación.

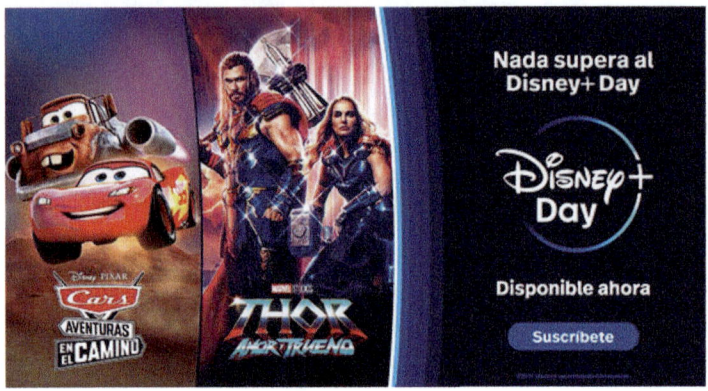

Con frecuencia los mismos anuncios sirven para cualquier espacio sin tener uno fijo.

De tal modo que siempre se trata de influir sobre el comportamiento del receptor. Muchas veces es un proceso en el cual los vendedores tratan de "engañar" a la gente para que estos actúen tal y como sugiere el mensaje publicitario con el fin de que compren el producto. En realidad, se esconden las características del producto y se exponen imágenes sugestivas que tienen poco que ver con el producto mismo. Un ejemplo es esta imagen donde se intenta conectar a los productos Sony, el concepto padre/varón y el momento de la concepción, para que el receptor cierre la idea: regalo ideal para papá en su día.

La imagen remite a la icónica representación que tenemos del momento preciso de la fecundación y cierra el concepto con la frase "Feliz día del padre".

Generalmente, la información se entrega clara, concisa y brevemente, con lectura accesible a todos los públicos y sin vocabulario complicado, de memorización ligera y sobre todo que predomine la innovación. Se evita la ambigüedad y se facilita la comprensión. Por ejemplo: en este anuncio se aboga por la claridad y el optimismo.

Los cuatro elementos principales del cartel (isologo, texto, pareja y aniversario) mantienen una coherencia jerárquica que genera la claridad necesaria respecto a los valores que Coca-Cola ha mantenido a lo largo de su historia.

Como se va viendo, el lenguaje publicitario es extraordinariamente rico y plural, pero presenta elementos variados y característicos que a continuación se exponen.

Importante

La publicidad consiste en persuadir o convencer al público para que adquiera o utilice un producto o un servicio, ya sea físico (determinada marca de leche o carne) o emocional (apadrinar a un niño).

Actividades

10. Busque un anuncio en internet, y otro en un cartel que vea por la calle. Analice qué producto vende, qué imágenes se exponen y el texto que utiliza para captar la atención del receptor.
11. Analice este anuncio, explique su contenido y qué quiere trasmitir.

5.1. Originalidad, brevedad, sugerencia

Todo lenguaje publicitario posee unas características comunes, sea cual sea el servicio o producto que ofrezca. Estas condiciones lingüísticas que posee este tipo de lenguaje son: la originalidad, la brevedad y la sugerencia.

La permanente búsqueda de la originalidad hace que el lenguaje publicitario sea uno de los más innovadores y ricos en recursos lingüísticos. Esta tendencia a la innovación se manifiesta especialmente en: el vocabulario, la creación de neologismos, y el uso de mecanismos de composición y derivación léxica.

Frecuentemente, esa originalidad del lenguaje publicitario hace que se convierta en una modalidad lingüística que se estudia como tal, pues, es muy rica en recursos y próxima al lenguaje literario.

Se recurre a la frase conocida *"Más amor, menos odio"* para generar una vinculación conceptual y emotiva entre la marca de agua Ivess baja en sodio y el cuidado de la salud de nuestros seres queridos, como una manifestación de amor.

 Nota

Las palabras nuevas se forman a partir de varios mecanismos: a través de palabras de otros idiomas, como los neologismos, por ejemplo, chatear a partir de *chat*. También por composición léxica, es decir, la unión de dos palabras, por ejemplo: aguanieve. Y por derivación léxica, es decir, se añade un elemento lingüístico al final o al principio de la palabra, por ejemplo: mes-illa, re-ubicar.

Por otro lado, la brevedad es primordial, ya sea por el espacio o el tiempo destinado al mismo, la concisión en la frase publicitaria ayuda a que el enunciado llegue directamente y con fácil memorización del producto al espectador u oyente. De esta forma se puede definir un eslogan que es una frase asociada a una marca.

Esta imagen se asocia a un eslogan unida a una marca reconocible.

Por último, la sugerencia en el mensaje publicitario hace que el anuncio no informe objetivamente sobre las características de un producto, sino que intente venderlo rodeándolo de unas connotaciones positivas que hagan que el espectador desee adquirirlo. Para ello, se asocia el artículo con imágenes y palabras seleccionadas para sugerir valores (como el éxito, el prestigio, la juventud, la masculinidad, la feminidad, la libertad, la técnica, etc.). Así, se sugiere la relación de un producto con un valor determinado.

En esta fotografía se juega con los valores de dandi o caballero que produce adquirir determinado producto de la marca que promociona.

Aplicación práctica

Imagine que tiene que desarrollar un anuncio publicitario para vender un producto obsoleto que necesita reinsertarse en el mercado. En la actualidad se sabe que dicho producto alguna vez tuvo mucho éxito, pero al día de hoy cayó en desuso. Si le encargan confeccionar un anuncio para llamar la atención del cliente y que lo quieran volver a comprar. ¿Cómo lo haría? Quizá podría destacar nuevos momentos que se relacionan con su uso o bien resignificar su imagen a partir de nuevos valores.

SOLUCIÓN

La forma más simple es recurrir a la nostalgia. Por ejemplo a partir de un collage creativo que muestre una mezcla de elementos *vintage* y modernos. O bien ilustrando actividades actuales donde el producto antiguo destaque centralmente. También recurrir a conexiones visuales con elementos contemporáneos y simbolizar la conexión entre el pasado y el presente. Se pueden incluir personas de diferentes generaciones utilizando el producto obsoleto. La combinación de elementos *vintage* y modernos reforzaría la idea de "producto evolucionado para adaptarse a los tiempos actuales", manteniendo su encanto y atractivo para una nueva generación de usuarios.

Objetos obsoletos como los discos de vinilo, el *walkman* o las cámaras de fotografía analógica en la actualidad está gozando de una reinserción en el mercado gracias a la resignificación de las experiencias analógicas "reales", sobre el mundo digital "virtual".

En el lenguaje publicitario se emplean múltiples códigos (visual, escrito, auditivo, etc.), para promocionar el producto sea cual sea el canal utilizado, el mensaje adquiere un sentido con los signos que lo forman: imagen, texto, significados, etc.

6. Recursos lingüísticos del lenguaje publicitario

El lenguaje publicitario posee una gran riqueza lingüística con el fin de llamar la atención del espectador. Con frecuencia, buscando la originalidad consigue ser innovador y ello hace que dé como resultado mensajes que rozan el lenguaje literario en sí mismo con sus recursos lingüísticos.

A continuación, se exponen algunos de estos recursos.

6.1. Interrogaciones retóricas

Consisten en realizar preguntas que no necesitan respuesta, sino que se llevan a cabo para expresar directamente una afirmación y exponer el punto de vista del emisor. Por ejemplo: "Nueva crema antiarrugas Olay, ¿vas a esperar a que alguien te lo cuente?".

¿Y ahora, cuál es tu excusa? juega con la dilatación de los desafíos, por ejemplo "No tengo zapatillas cómodas para correr". Existiendo un producto que lo permite, ¿cuál sería la excusa?

6.2. Enunciados imperativos

Son aquellos enunciados que se utilizan para dirigirse al receptor a través de mandatos, ruegos, consejos o peticiones. Por ejemplo: "Busque, compare y si encuentra algo mejor, cómprelo".

Se incita a utilizar el producto de otra manera que no es la habitual.

6.3. Metáforas

Se refiere a la utilización de una palabra o expresión comparándolo a un objeto o concepto, al cual no denota literalmente. Su objetivo es sugerir una comparación y que su comprensión sea lo más fácil y accesible.

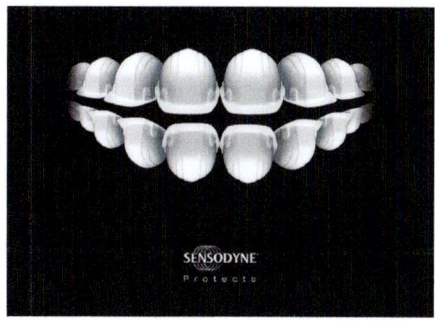

La imagen representa por disposición de objetos la dentadura de una persona realizada con cascos de protección. Una metáfora muy clara para una marca de pasta dental.

6.4. Comparaciones

Es aquel recurso que consiste en presentar las semejanzas de dos objetos, personas o situaciones. Normalmente trasvasa valores connotativos de un
elemento a un objeto real, es decir, se iguala el producto que se exponga con
un valor similar añadido. Se utilizan en el mensaje elementos lingüísticos que
unen esta comparación: como, parece, etc. Por ejemplo: "Chocolate Milkibar,
no es como los demás".

A través de la comparación de "valores" entre estos dos productos se deja claro la relatividad del precio.

6.5. Dobles sentidos

Los dobles sentidos se definen como las distintas interpretaciones que pueden aplicar a palabras y frases en unos contextos determinados. Por ejemplo:
"Nuestra vida es la leche. Central lechera Asturiana".

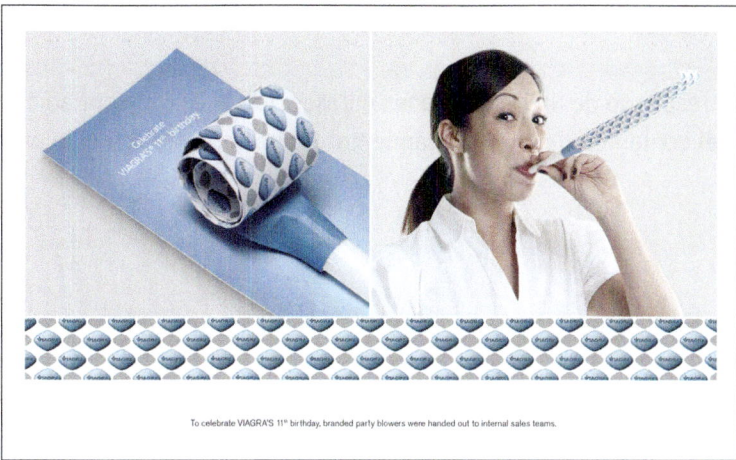

El texto publicitario dice: "Para celebrar el 11.º aniversario de Viagra, fueron repartidas cornetas de papel con la marca al equipo de ventas interno.

6.6. Hipérboles

La hipérbole consiste en la exageración de una circunstancia, un objeto, etc. Con frecuencia se recurre a la exageración desmedida. Por ejemplo: "Chocolates valor. El mayor placer humano".

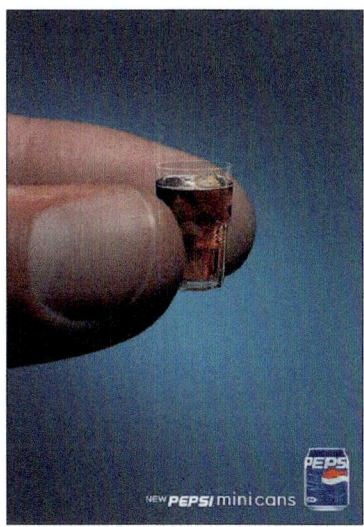

La exageración del tamaño busca simpatizar con el segmento de mercado "obsesivo" amante de las miniaturas "controlables".

6.7. Paradojas

Es el resultado de unir expresiones y frases que en sí son contradictorias ya sea por el contenido o por el pensamiento. Por ejemplo: "Prohibido prohibir".

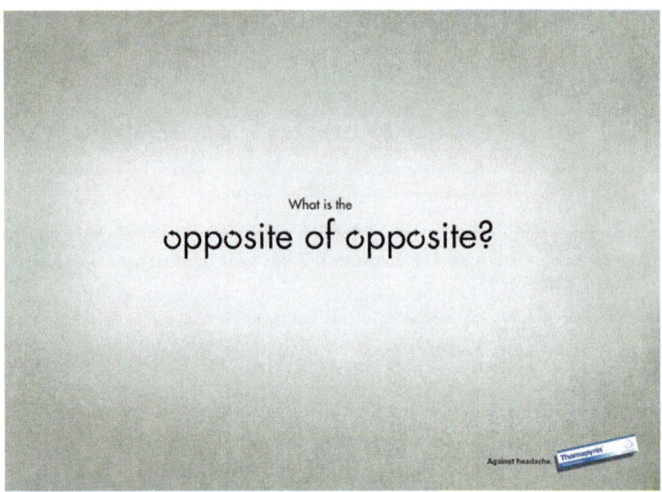

¿Cuál es el opuesto de opuesto? Contra el dolor de cabeza Thomapyrin. Esta publicidad, particularmente, juega con el chiste a partir de lo paradójico, para convencer de que el producto sí es una solución.

6.8. Aliteraciones

Esta figura lingüística consiste en la repetición de letras, sobre todo consonantes, para que exprese una sonoridad que dé más expresividad al verso.

 Nota

En muchos casos, la publicidad utiliza este tipo de recursos a través de imágenes solamente, esto es, no hace falta ningún tipo de texto para entender lo que el comerciante quiere emitir y vender.

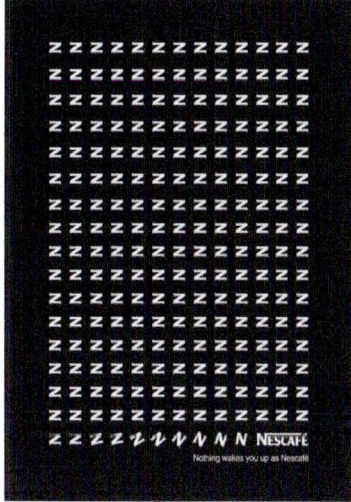

*A partir de la repetición de un caracter onomatopéyico asociado al sueño, se genera una cadena significante hasta la frase final: **Nada te despierta como un Nescafé**.*

Actividades

12. ¿Qué diferencia existe entre las metáforas y las comparaciones?

13. ¿Qué recursos lingüísticos son utilizados en estas imágenes?

Aplicación práctica

Imagine que le proponen desarrollar un cartel publicitario para promocionar el turismo en la playa, en el mar. Indique qué imagen seleccionaría para llamar la atención, qué recurso utilizaría, e intente confeccionar el cartel en sí mismo para ver el resultado.

SOLUCIÓN

Es una actividad en la que tiene cabida cualquier propuesta que resulte atractiva para el fin que persigue. Una opción podría ser asociar el mar con el relax, la tranquilidad y compararlo con el paraíso.

Posible anuncio para la actividad

7. La estructura de los enunciados publicitarios. Tipología oracional

Ya se ha expuesto la riqueza lingüística de la que goza el lenguaje publicitario con el fin de persuadir y convencer al consumidor para que adquiera determinados productos. Lázaro Carreter denomina el código publicitario como el "lenguaje literal" estructurado alrededor de dos principios: el de economía y el de proximidad respecto del receptor-consumidor. Además de los recursos que se ha expuesto anteriormente, se analizará a continuación la sintaxis propia de la publicidad: cómo están organizados los textos.

 **Definición**

Sintaxis
Parte de la gramática que se dedica a estudiar la forma y el orden en que se relacionan las palabras dentro de un enunciado y analiza la función de estas en su contexto.

En los tres puntos que siguen, se analizarán las distintas estructuras oracionales de las que puede hacer uso la publicidad para llamar la atención del consumidor, es decir, cómo organiza el enunciado y qué elementos destaca en la oración para anunciar el producto.

7.1. La oración simple

La oración simple es aquel enunciado que posee un solo verbo. Generalmente, en el mensaje publicitario lo que prima ante todo es la semántica, es decir, el significado de las palabras utilizadas en el mismo. La sintaxis es fundamental pero pasa a un segundo plano para que su comprensión sea total y absoluta prácticamente a cualquier público al que se presente el enunciado publicitario. A continuación, se exponen algunos recursos sintácticos utilizados en los enunciados.

- El predominio de sustantivos (casa, coche, pintalabios), adjetivos calificativos (cruel, blanco, triste), verbos (saltar, jugar, avisar), adverbios (aquí, cómodamente, ayer). Esto es, signos lingüísticos que tienen una carga significativa. Por otro lado, palabras como preposiciones (bajo, para, según), artículos (el, los, una) o conjunciones (y, que, sin embargo) son menos utilizados en los mensajes publicitarios. Por ejemplo: "Disfruta la fruta. Juver sin azúcar".
- El uso del artículo funciona con valor ponderativo, es decir, destacando aún más el sustantivo al que acompaña y señalándolo como único. Por ejemplo: "Saimaza, el café", "Andalucía sólo hay una".

- La utilización del grado superlativo y comparativo de superioridad de los adjetivos. Por ejemplo: "El turrón más caro del mundo", "Lo más fresco. Tulipán negro".

- El uso de oraciones imperativas, exclamativas o interrogativas. Por ejemplo: "¿Hasta cuándo vas a esperar para vestirte de verano? (Cortefiel)", "Euskadi: ven y cuéntalo tú mismo".

- El uso de enunciados afirmativos que incluyen al receptor. Por ejemplo: "Clio, es el coche que tú buscabas".

- El predomino de oraciones dubitativas y de posibilidad para conseguir la benevolencia del público y atraerlo. Por ejemplo: "Carlsberg. Posiblemente la mejor cerveza del mundo".

- La ausencia de predicados sin verbo y frases lo más concisas posibles. Por ejemplo: "Todos contra el fuego", "Biotherm, la crema que vuelve la piel más suave", "Schhhh... es la tónica".

- La intensificación del enunciado mediante la reiteración. Por ejemplo: "Un café, café", "Lecha desnatada Pascual, leche desnatada Pascual".

- El uso de vocativos. Por ejemplo: "Eh, tú, llama".

- El predominio de verbos en tiempos presente y futuro. El primero sirve para demostrar la evidencia del producto. Por ejemplo: "Muy cerca de aquí estamos a su servicio". También se emplea para anticipar el porvenir. Por ejemplo: "La energía es cara, usted la economiza con gas natural Fenosa". Por su parte, el futuro también puede referirse a esta significación de adelantarse a lo que va a ocurrir: "Jeans hará de ti un ser superior", "Hipercor. Ahora podrás comprar más productos con ofertas".

 Nota

El adjetivo posee tres grados: primero, el grado positivo que es el que se utiliza normalmente (alto); segundo, el grado comparativo que se subdivide en tres: inferioridad (menos alto que), igualdad (tan alto como) y superioridad (más alto que); por último, el grado superlativo que también se subdivide en dos: relativo (el más alto de) y el absoluto (muy alto, altísimo).

7.2. La yuxtaposición

En una oración cuando se presentan dos o más verbos, estos se pueden vincular de dos maneras: yuxtaposición; coordinación y subordinación. Las oraciones yuxtapuestas son aquellas en las que no existen conjunciones (nexos) que unan los dos grupos de palabras reunidos cada uno a su verbo. Por ejemplo: "Era de noche, no se veía nada". Estas oraciones se unen a través de signos de puntuación que son: dos puntos (:), punto y coma (;) o coma (,).

A continuación, se exponen algunos de los recursos sintácticos más utilizados en este tipo de oraciones:

- El uso del comparativo sin segundo término, esto es, sin compararlo con nada. Por ejemplo: "Chocolates Lindor, no hay mejor".
- La supresión de toda marca formal que una la estructura del mensaje, no obstante, se entiende al leerse seguidamente. Por ejemplo: "Para la ciudad, para el campo, para la montaña... Decathlon".
- La descripción de las características del producto sin ningún tipo de nexo que las organice. Por ejemplo: "Televisor Philips, cuarenta pulgadas, conectividad, nivelador automático de volumen, dolby digital plus, la mejor televisión del mercado".
- La frecuencia del uso de infinitivos que supone una cierta intemporalidad dotando al mensaje de una eternidad fáctica. Por ejemplo: "Fumar, mata", "Ahorrar es conseguir".

7.3. Oraciones coordinadas

En cuanto a la oración compuesta es aquella formada por dos o más predicados, esto es, verbos y cada uno expresa un significado parcial de la oración. A cada una de las partes de la oración se le llama proposición. Por ejemplo: "Fui al cine y vi una película de acción".

A veces puede ocurrir que solo está explícito el primer verbo para no repetirse en la segunda proposición. Por ejemplo: "Le pregunté si había ido al médico y me dijo que no (había ido al médico)", en este caso no se vuelve a reiterar lo que está entre paréntesis, se sobreentiende.

Para que una oración sea compuesta se deben cumplir dos condiciones: primero, que cada proposición sea independiente entre sí; y segundo, que ambas partes de las oraciones sean similares y desempeñen funciones iguales en conjunto. Por ejemplo: "Seguimos ese camino, pero no nos llevó a ningún sitio".

Por su parte, la oración compuesta coordinada siempre ha de tener un nexo o enlace que una las dos o más partes de la misma. Según cada tipo de enlaces (que poseen un significado) se clasifican los tipos de oraciones coordinadas que a continuación se expone con ejemplos utilizados en el lenguaje publicitario:

- **Copulativas:** son aquellas que cada proposición añade información nueva quedando así una oración con sucesión de acciones. Los nexos utilizados son: "y", "e", "ni". Por ejemplo: "Si tienes todos tus puntos y si quieres pagar menos, vente a Línea directa".
- **Adversativas:** expresan la oposición entre dos ideas o la restricción de una con respecto a la otra. Sus nexos son más variados: "pero", "mas", "sin embargo", "en cambio", "no obstante", "sino que"...). Por ejemplo: "Limpia, pero limpia".
- **Disyuntivas:** son oraciones que expresan acciones excluyentes entre sí imposible de llevar a cabo ambas acciones. Sus nexos son: "o", "u". Por ejemplo: "O te vienes a Bankinter o no ahorrarás".
- **Distributivas:** presentan una repartición alternativa entre dos o más sujetos o acciones según lo que cada grupo realice. Sus nexos se colocan tanto en la proposición primera como en las demás: "unos... otros", "ya... ya", "ora... ora", "bien... bien"). Por ejemplo: "Unos pagan más, otras ahorran".
- **Explicativas:** en estas oraciones la proposición segunda aclara el sentido de la proposición primera explicando su significado de otra forma para que este quede bien comprendido. Sus nexos suelen ser: "es decir", "o sea", "esto es". Por ejemplo: "Lo limpio está limpio, esto es, Don Limpio".

Actividades

14. Busque dos anuncios publicitarios donde encuentre el uso de dos adjetivos en grado superlativo ya sea absoluto o relativo.
15. Indique qué tipo de oraciones encuentra en estos anuncios.

Continúa en página siguiente >>

<< Viene de página anterior

7.4. La expresión de la causalidad

Otra de las formas en las que pueden estar unidos dos o más verbos en una oración es la subordinación. En este caso, un verbo depende del otro y en consecuencia, una proposición depende de la otra porque no tienen sentido si se separan, la oración queda coja en cuanto al significado. Por ejemplo: "Fui al cine porque me lo dijo mi amiga Sara". La primera proposición tendría sentido por sí sola por la proposición principal: "Fui al cine", pero la segunda no: "porque me lo dijo mi amiga Sara". Las oraciones subordinadas se dividen en varios tipos:

- **Sustantivas,** en las que la proposición dependiente funciona como un nombre o sustantivo. Por ejemplo: "Me gusta que llegues". En este caso, se puede sustituir por "Me gusta *tu llegada*") y ahí está el nombre al que se refiere la subordinada.
- **Adjetivas** o de relativo, cuya función es la de un adjetivo. Por ejemplo: "Los jugadores que estaban cansados no jugaron la segunda parte". Igualmente se puede sustituir por "Los jugadores *cansados* no jugaron la segunda parte".
- **Adverbiales,** que como su nombre indica desempeñan la función de los distintos adverbios. Por ejemplo: "Hice los deberes donde me dijiste". La subordinada se puede sustituir por "Hice los deberes *allí*".

Hay que tener en cuenta que en el lenguaje publicitario no se utiliza mucho este tipo de subordinación porque requiere de un espacio que normalmente no posee este tipo de lenguaje.

 Importante

Las características del lenguaje publicitario son la originalidad, la brevedad y la sugerencia. Siempre intenta llegar al receptor-consumidor de forma innovadora, rápida y lo más accesible posible.

Las oraciones subordinadas adverbiales se subdividen a su vez también en varios tipos:

- **Temporales:** aquellas que se refieren al tiempo en que se desarrolla la acción. Sus nexos son: "cuando", "mientras", "antes que", "después de que", "luego que", "en seguida", etc. Por ejemplo: "Cuando fui al cine vi una película de terror".
- **Locales:** se refieren al lugar concreto donde se lleva a cabo la acción. Su nexo es: "donde". Por ejemplo: "Fui donde me dijiste".
- **Modales:** muestran la forma como se ejecuta la acción. Sus nexos son: "según", "como", "conforme", etc. Por ejemplo: "Me puse el vestido como me dijiste".
- **Condicionales:** señalan una condición indispensable para que se produzca la acción. Sus nexos son: "si", "en el caso de que", "con tal de que", etc. Por ejemplo: "Si bebes, no conduzcas".
- **Consecutivas:** muestran la consecuencia o implicación de la proposición principal. Sus nexos son: "así que", "por tanto", "pues", "luego", "de modo que", "con que", etc. Por ejemplo: "Esta es la semana fantástica de El Corte Inglés, así que ¿te la vas perder?".
- **Concesivas:** señalan un obstáculo para que se lleve a cabo la acción pero no impide su cumplimiento. Sus nexos son: "aunque", "a pesar de que", "pese a", etc. Por ejemplo: "Iré aunque llueva".

- **Finales:** indican el objetivo de un hecho o acción. Su nexo es: "para que". Por ejemplo: "Para que pague menos, venga a Mediamarkt".
- **Comparativas:** sirven para cotejar un elemento de una proposición con otro de la otra proposición. Por ejemplo: "María es más estudiosa que Juan".
- **Causales:** señalan la explicación del suceso o acción. Sus nexos son: "porque", "ya que", "pues", "puesto que", etc. Por ejemplo: "Bebo porque tengo sed".

Esta última clase de subordinada es la que más se usa en el lenguaje publicitario, por ello, se le dedicará más atención. Se presenta un ejemplo de una marca muy utilizada en la actualidad.

Este eslogan es muy reconocible y utiliza una subordinada causal.

A la hora de expresar cualquier tipo de sentimiento, emoción o llamada de atención (muy frecuente en la publicidad) se acude a este tipo de subordinada junto con otro tipo de campo léxico que ayuda a que el mensaje consiga ser distinto al de la competencia.

Contribuye todo a que llame la atención del receptor-consumidor, ya sea por extrañeza, por reclamación sugerente a valores de exquisitez, de distinción, por sorpresa, por repugnancia, etc. Lo trascendental es el valor connotativo, simbólico y sugestivo de los términos utilizados en los distintos anuncios. En este anuncio vemos lo contradictorio de su mensaje.

Su traducción: «Porque es raro estar orgullosos de una mancha».

De esta forma, lo que siempre se persigue en publicidad es justificar por qué ese producto es bueno y se debe comprar y no otro de la competencia. Para ello, se destaca su singularidad y se le añaden unos atributos que sobresalgan y no posean otros productos de otra marca.

En definitiva, la fuerza de la publicidad en la actualidad radica con frecuencia en la concisión formal del anuncio en sí y en la capacidad para captar a la gente sin darles tiempo a reflexionar sobre el mismo texto, presionarla y cerrar todas las posibilidades comunicativas y comerciales.

Por último, hoy en día resulta fácil sobrepasar las fronteras de la publicidad lícita. Por ello, es función de gobiernos y de instituciones nacionales y comunitarias la regulación de esta. Se considera publicidad ilícita aquella que: engañe o induzca a error a sus destinatarios o perjudique a un competidor; la que pueda actuar inconscientemente en un público que no sea al que va dirigido; la que infrinja la ley en determinados productos como medicamentos, productos nocivos para la salud, etc.; y aquella que atente contra la dignidad de personas y vulnere los valores y derechos reconocidos en la constitución, especialmente en lo que se refiere a la infancia, la juventud y la mujer.

Aplicación práctica

A continuación se exponen cuatro anuncios de la firma Dove. Analice cuál es el argumento, según los valores que la empresa ha construido a lo largo del tiempo, en función de proyectar un concepto sólido de marca.

Continúa en página siguiente >>

<< Viene de página anterior

SOLUCIÓN

La publicidad de Dove es un excelente ejemplo de cómo una marca puede promover valores positivos y empoderadores a través de su publicidad gráfica, tanto para hombres como para mujeres.

En un mundo saturado de imágenes y estándares de belleza inalcanzables, Dove ha emergido como un faro de autenticidad y diversidad. La firma de belleza no solo busca vender

Continúa en página siguiente >>

<< Viene de página anterior

productos, sino también cambiar paradigmas y promover la aceptación de uno mismo. Con una publicidad gráfica que desafía los convencionalismos y celebra la belleza real, Dove se posiciona como una marca inclusiva y consciente.

La marca promueve la confianza y la autoestima para todas las edades y en todas partes del mundo. Desafía permanentemente los estándares de belleza irrealistas y fomenta la discusión sobre la diversidad y la inclusión.

El modo en que Dove se publicita refleja sus valores fundamentales de autenticidad y empoderamiento. Dove elige mostrar personas reales con sus imperfecciones y peculiaridades, lo cual permite que futuros consumidores se vean representados y se sientan valorados.

Dove no solo vende productos, también promueve valores fundamentales de aceptación y autoestima. Al desafiar los estándares de belleza convencionales y celebrar la diversidad, Dove está redefiniendo lo que significa ser hermoso. Y lo más importante, está recordando a todos que la verdadera belleza radica en la autenticidad y la confianza en uno mismo.

---

8. Resumen

La comunicación es algo esencial para el ser humano, ya que, es un ser social y necesita relacionarse y expresarse, esto es, compartir sus experiencias, sus vivencias y sus sentimientos. Sin embargo, este proceso comunicativo se puede llevar a cabo de muchas formas distintas y con variadas intenciones que el receptor debe captar para que haya un satisfactorio intercambio comunicativo lingüístico.

Una de las formas de comunicación más antiguas es el periodismo que poco a poco se ha convertido en una de las vías más importantes de comunicación e información del mundo tal y como lo conocemos. A través de él se comparten muchas opiniones, informaciones, sucesos, hechos, asuntos, temas múltiples, etc.

Ahora bien, en la prensa subyacen unas intenciones que a veces son más o menos sutiles y el receptor debe darse cuenta de ellas. Para ello, hay que ver ante qué tipo de texto se está, cómo está escrito, qué términos lingüísticos utiliza, cuál es el fin del texto, quién lo escribe, a quién va dirigido, etc. Esto es, rasgos que según el emisor son más o menos ambiguos y que el receptor no debe pasar por alto aunque en ocasiones se le haga complicado descifrar.

Por eso, las características y particularidades lingüísticas tanto de textos periodísticos (en sus diversas vías de comunicación) como textos publicitarios (con sus numerosos recursos), son condicionadas en su totalidad por el fin del mensaje, tanto en su contenido como en su forma y por el receptor al que va dirigido y los intereses del mismo.

Ejercicios de repaso y autoevaluación

1. **De las siguientes frases, indique cuál es verdadera o falsa.**

   a. El emisor es el que transmite la información durante en proceso comunicativo.

   ☐ Verdadero
   ☐ Falso

   b. La función apelativa es aquella que expresa lo que el emisor siente.

   ☐ Verdadero
   ☐ Falso

   c. El lenguaje periodístico tiende a la sintaxis compleja para que llegue a un público culto y selecto.

   ☐ Verdadero
   ☐ Falso

2. **Relacione los siguientes elementos de la comunicación con la función lingüística que le corresponda.**

   a. Emisor
   b. Canal
   c. Mensaje
   d. Receptor
   e. Contexto
   f. Código

   __ Metalingüística
   __ Fática
   __ Apelativa
   __ Poética
   __ Expresiva
   __ Representativa

3. El editorial...

    a. ... tiene el nombre de quien lo escribe.

    b. ... cuenta con testimonios directos sobre un suceso.

    c. ... expresa el punto de vista del periódico sobre un acontecimiento actual y reflexiona sobre este.

    d. ... posee una estructura similar a la noticia con titular, entradilla y cuerpo de la información.

4. Busque en la siguiente sopa de letras tres de los subgéneros periodísticos.

A	H	N	I	L	O	N	R
B	C	O	L	U	M	N	A
A	A	T	Q	C	U	B	A
A	C	I	N	O	R	C	C
M	Q	C	A	N	U	L	T
S	U	I	L	E	U	T	O
I	E	A	T	M	Q	S	R

5. ¿Qué diferencias existen entre el reportaje y la crónica? Razone la respuesta.

_____

_____

_____

_____

_____

_____

_____

_____

6. Complete la siguiente oración:

Los medios de comunicación masivos o de masas, también llamados _____ son aquellos que reciben simultáneamente una _____ o público.

7. ¿Cuál es el tipo de comunicación lingüística que se produce en el periodismo?

_____

_____

_____

_____

8. El lenguaje publicitario debe ser...

a. ... próximo al lenguaje literario.
b. ... original, breve y sugerente.
c. ... utilizar muchos recursos lingüísticos.
d. ... tener siempre una imagen asociada.

9. Indique cuál de los siguientes recursos es utilizado en este anuncio: «El lobo, qué gran turrón, qué gran turrón».

a. Interrogación retórica.
b. Comparación.
c. Hipérbole.
d. Doble sentido.

10. ¿En qué consiste el recurso de la aliteración?

_____

_____

11. Cuáles son los tipos de palabras más utilizadas en publicidad?

    a. Sustantivos.
    b. Adverbios.
    c. Preposiciones.
    d. Adjetivos.

12. ¿Cuál de estos anuncios NO es yuxtapuesto?

    a. "Pruébelo, le devolveremos su dinero si no queda satisfecho".
    b. "Venga y disfrute de Bowling".
    c. "Sueldo Nescafé: 2.000 euros al mes para toda la vida".

13. Las oraciones coordinadas son aquellas que...

    a. ... tienen dos verbos.
    b. ... tienen dos proposiciones unidas por un nexo.
    c. ... tienen proposiciones independientes y desempeñan funciones similares.

14. ¿Cuáles son las tres formas en las que pueden estar unidos dos o más verbos en una oración compuesta?

_____
_____
_____
_____
_____
_____
_____

15. Dentro de qué tipo de subordinada se encuentran las oraciones compuestas subordinadas causales.

    a. Sustantivas.
    b. Adjetivas.
    c. Adverbiales.

Capítulo 2
Difusión del producto editorial

Contenido

1. Introducción

Una vez que se conocen los distintos medios para difundir un producto editorial, hay que analizar cada uno de ellos con detenimiento y precisión para esclarecer cuál es el más adecuado y apropiado para la transmisión de mayor efectividad y difusión del mismo.

Para ello existen, algunos factores que no hay que pasar por alto, ya que estos van a ser los que orienten al vendedor de los intereses de los clientes. Así, la influencia de los gustos, las modas, la autoría, el entorno cultural, etc., van a condicionar de qué manera se va a presentar el producto en la sociedad.

Una de las vías de comunicación más utilizadas en los últimos tiempos es Internet. Por eso, el campo del *marketing* a través de este medio debe estudiarse con esmero y rigor. Es muy numeroso el público que compra, mira, compara y conoce productos editoriales a través de páginas webs. Por lo tanto, el contenido de estas debe ser expuesto de forma accesible, clara, eficaz, concisa y reflejar atractivamente el producto para despertar el deseo de compra por parte del consumidor.

Todo ello debe ser de una forma honrada y sin engañar al cliente, puesto que este confía en que el producto le aportará lo que él espera.

2. Necesidades de la sociedad del conocimiento, divulgación y ocio

El ser humano vive en sociedad, pues necesita relacionarse y compartir sus experiencias con otros sujetos. Esta se ha ido estructurando según el paso de los siglos y siglos a través de un sistema que ha ido desarrollándose según las necesidades de cada momento y lugar.

Así, por ejemplo, en la Edad Media el orden político-social-económico que imperaba era piramidal, es decir, el monarca, la nobleza y el clero eran los que tenían todas las prioridades económicas y sociales frente al pueblo llano que era el que debía trabajar y pagar impuestos para sus dirigentes.

Con el tiempo, ya en el siglo XIX esa estructura evolucionó. Nació la llamada burguesía, la cual exigía unos derechos que hasta entonces el pueblo llano ni siquiera se había planteado. Poco a poco, dicho estamento fue consiguiendo esos derechos y acortando las diferencias entre clases.

Por tanto, durante el paso de los siglos se ha ido desarrollando una jerarquía social que los habitantes han ido exigiendo con el fin de que impere más igualdad y menos distancia entre estratos sociales. Aunque todavía queda mucho por recorrer, sobre todo en algunos países en los que la equidad es solo un concepto utópico.

En la sociedad actual existen distintos sectores que rigen su funcionamiento: económicos, sociales, culturales, políticos, etc. A través de estos aspectos las sociedades se van configurando.

Uno de los aspectos más interesantes para que un producto se dé a conocer es la vía cultural y de divulgación. La cultura de un pueblo es fundamental para que en ella se vaya creando una ciudadanía «educada», culta y con criterio de elección a la hora de tomar decisiones para decantarse por una u otra opción según le convenga.

Para que un producto se presente en una sociedad, se deben usar todas las posibles vías de difusión, así, llegará a un número mayor de personas, potenciales consumidores. Actualmente, los medios de promoción más habituales son: Internet, las redes sociales, el anuncio en el género periodístico, la publicidad en televisión o la radio, etc.

Pues bien, para que un producto editorial se ofrezca a una audiencia y a esta le interese, la empresa que comercializa el producto debe saber qué necesidades tiene ese público. Pues el objetivo es que aquel quiera adquirirlo.

Por todo ello, se habla del concepto de «sociedad de conocimiento, divulgación y ocio» que consiste en aquel tipo de comunidad que busca competir y tener éxito frente a todos los cambios económicos y políticos del mundo moderno. Esto es, la empresa que quiere vender un producto editorial se basa en la educación y formación de la ciudadanía, en cómo difundir el producto, en conocer a qué dedica el tiempo libre ese público, en el estilo de vida dominante, etc., todo ello con fin de llegar a conocer a su potencial consumidor y ofrecerle exactamente lo que este necesita.

Esto no implica que estas comunidades tengan más expertos, infraestructuras o tecnologías, sino que su relevancia estriba en la reproducción, distribución y reproducción del conocimiento y de la información sobre un artículo determinado.

El producto que venden esas empresas son en su mayoría obras literarias y, en mayor o menor medida, es utilizado en el ocio de la ciudadanía, por ello, es importante saber exactamente qué busca, qué necesita, con qué se entretiene el comprador, etc.

En su origen durante los años 60, la «sociedad de conocimiento» se refería a la que estaba basada en la ciencia, en la educación académica y centrada en los servicios que esta requería. Anteriormente a estos años y frente al nuevo concepto de sociedad, se hablaba de los sectores industriales, las actividades artesanales y los problemas entre el capital y el trabajo.

Ahora bien, hoy en día es frecuente encontrar tres conceptos como sinónimos de un mismo significado: «sociedad del conocimiento», «sociedad red» y «sociedad de la información». Esto ocurre porque en los últimos lustros la influencia de las nuevas tecnologías de la información y comunicación en la vida de un país ha sido algo sin precedentes. Gracias a estas nuevas formas de comunicación el ser humano vive en un mundo globalizado en el que puede hablar con sujetos de cualquier parte de la tierra en cualquier momento.

En la actualidad este tipo de sociedad se refiere a los ámbitos de planificación, de la educación, de la formación, de la organización, del trabajo, del ocio, de la divulgación, etc., del individuo al que se busca para vender un producto.

En definitiva, se trata de un concepto que resume las transformaciones culturales de la sociedad moderna y que analiza estos cambios.

Actividades

1. Señale dos de sus libros favoritos y explique por qué lo son.
2. De los dos libros que ha elegido en el ejercicio anterior, explique cómo los conoció.

3. Influencia del autor/es en el entorno social

Cuando se presenta un artículo para comercializarlo hay que tener en cuenta varios aspectos: cómo presentarlo para que sea conocido, qué destacar de él, a qué grupo de personas va dirigido, cómo llamar su atención y que adquiera interés, etc.

En algunos casos, cualquiera de estos puntos que se han mencionado anteriormente ha servido para que el consumidor se vea interesado, le provoque curiosidad, llame su atención parte de la obra, lea el contenido y le parezca atractivo, etc., y finalmente, adquiera una determinada publicación.

Ahora bien, en otros casos, la promoción de un producto se vuelca en otros caminos. Algunas obras editoriales han llegado a ser verdaderos fenómenos sociales, es decir, el público ha acudido masivamente a la compra de estas por causas que nada tienen que ver con las que se han mencionado.

La recomendación de un conocido, un familiar o un amigo; el contenido en sí mismo del libro que los lectores van relatando como algo revolucionario y no visto hasta ese momento; el tema de la obra que acierta justo en lo que interesa de verdad al público; es decir, de una manera más o menos casual, un producto editorial puede disfrutar en un momento determinado de los puestos más altos en las listas de ventas literarias. Se convierte en un indispensable para parte de la clientela y el autor con su libro influye sobre el entorno de una manera turbulenta.

Ejemplo

Uno de los fenómenos editoriales más destacados de los últimos tiempos fue la obra *El código da Vinci*. Su contenido alteró las creencias religiosas de muchos, pues, se refería a María Magdalena como la amante de Jesús y relataba que estos habían tenido descendencia. Esto supuso una reflexión ideológica para el público y conllevó incluso una llamada de atención por parte del Vaticano (advertía que no se podía olvidar que se estaba frente a un libro de ficción, y por tanto, lo que en él se presentaba formaba parte de una novela y no era real).

Por otro lado, en otras ocasiones, el hecho de conocer y sentir cercano a un autor también puede ser relevante para la adquisición de la obra o no. Puede influir una serie de puntos: que el público asista a una firma de libros, que el autor se deje ver en entrevistas en los distintos medios de comunicación, que sea un escritor de una comarca o localidad próxima para algunos compradores, que se presente en distintos actos públicos simpático, cariñoso, amable, sencillo, humilde… y con unos valores que cree empatía con un abanico de personas, etc. En fin, cualquier detalle puede servir para que al público le llame la atención la obra editorial o el autor en sí mismo y al final acabe por comprar el producto.

Aplicación práctica

Según las últimas estadísticas del grupo editorial español DyH cuya librería es Diotima, la tienda que está en la capital (Madrid) vende un 40 % más que la que está situada en el sur (Málaga). La cadena editorial es una franquicia de un mismo dueño que intenta equilibrar los beneficios generales para que cada establecimiento, tenga más o menos ventas, siempre dé como resultado a la empresa plusvalías. No obstante, el dato es interesante, ¿a qué cree que se debe que varíe tanto la venta en un punto geográfico respecto al otro?

SOLUCIÓN

La respuesta estriba en la predisposición e interés cultural que posea el público que se concentra en cada lugar y en el número de habitantes que tenga ese lugar. Esto es, en una

Continúa en página siguiente >>

<< Viene de página anterior

ciudad cosmopolita, abierta, heterogénea como es la capital de España existe un numeroso grupo de la población que tiene intereses literarios y culturales: el teatro, la pintura, la escultura, etc.

Además, hay que añadir que la densidad de la ciudadanía es mayor que en la ciudad del sur, sin buscar datos concretos de cifras, lógicamente en la capital hay más habitantes que en el sur. Por ello, inevitablemente habrá muchos más habitantes en el centro de la península que sean clientes más o menos fijos que en la ciudad malagueña.

Ahora bien, al margen de los números de habitantes de una u otra ciudad, el hecho de que se lea más en una ciudad o en otra estriba en la predisposición que esa ciudadanía tenga por sí misma y el interés que despierte la cultura general en la provincia.

---

4. Conocimiento de los medios sociales más adecuados para dar a conocer el producto

Una vez que se tiene el producto editorial preparado para su venta hay que tener en cuenta varios aspectos para su impulso y promoción. ¿Qué medio de difusión es el más adecuado para llegar al público exclusivo que se quiere? ¿Cuál es el medio más utilizado en la actualidad? ¿Publicitado en qué medio se vendería más la obra editorial?

En primer lugar, se analizan los distintos medios sociales que existen en la actualidad para ver cuál sería el más idóneo en la comercialización del producto.

Por un lado, la prensa es un medio de comunicación unidireccional y está dirigido a numerosos y variados receptores colectivos. Sus contenidos son muy heterogéneos y destacan por sus diferentes códigos verbales y no verbales que utilizan en sus mensajes. Igual se presenta en un periódico o revista un mensaje publicitario de un automóvil o unas cremas antiarrugas.

Por otro lado, la radio que entre formato y formato de programación introduce la publicidad y, en la actualidad, a determinados horarios nocturnos sobre todo, son abundantes los mensajes publicitarios de obras editoriales.

También, la televisión es el medio con más audiencia de todos los tradicionales. Las cadenas privadas están sustentadas en su totalidad por la publicidad y, en los últimos tiempos, se han incorporado breves anuncios sobre libros que van a salir al mercado o acaban de salir.

Por último, las redes sociales e Internet que en los últimos años han adquirido un auge nunca visto en los medios de comunicación. Aquí muchos autores y editoriales reflejan el producto, puesto que el número de seguidores es cada vez mayor y es una potencial clientela muy desigual (jóvenes, adultos, niños, ancianos...) con gustos muy dispares.

En este sentido, los avances en programación informática han permitido generar algoritmos complejos que facilitan la segmentación con un alto grado de exactitud, presentando a los potenciales consumidores aquellos productos o servicios que posiblemente adquirirían. Cabe destacar que durante la última década los soportes de difusión, para todo tipo de producto y servicio, se han visto un tanto desplazados por las tecnologías informáticas que permiten desarrollar **analíticas de mercado.** La gran revolución en el terreno del *marketing* es la segmentación posible gracias al flujo de ***Big Data.*** Los aportes suministrados por los usuarios digitales redefinen la unidireccionalidad antigua que caracterizaba a los medios de comunicación. El entrecruzamiento de datos existentes en el ciberespacio hace posible acercar a los potenciales consumidores aquellas alternativas de productos o servicios que, según los diferentes motores de búsqueda, geolocalización, reconocimiento de voz o simple navegación por Internet, el sujeto aporta en función de su "conducta digital".

 Nota

Existen los medios de comunicación de masas o *mass media* que son aquellos cuya interacción se produce entre un emisor único y un receptor masivo que es numeroso, variado y anónimo.

La comunicación en los medios publicitarios es fundamental, es decir, el análisis para presentar un producto editorial debe centrarse en estudiar a quién se dirige y cómo se puede captar su atención.

A continuación, se estudiarán tanto los emisores de los medios para promocionar el producto editorial como los receptores a los que van dirigidos estos mensajes.

Por su parte, la función del **emisor** la realizan los siguientes profesionales:

- El redactor o reportero: elabora la información que luego presenta.
- El editor: maneja y modifica la información de sus compañeros.
- El corresponsal: recoge la información y la envía a su medio.
- El colaborador o contertulio: participa de forma esporádica en distintos debates o coloquios sobre temas variados.
- El columnista o articulista: colabora de forma habitual en el medio y añade sus comentarios personales firmados sobre un tema, acontecimiento o producto social.

Cualquiera de estas figuras puede hacer mención o exponer información sobre el producto editorial que se quiere presentar.

Ejemplo

Una articulista en una revista (XL Semanal) habla de un libro que acaba de terminar cuyo título utiliza para titular su texto: 'Bestseller'. "Así se llama un libro que he estado leyendo estos días y que me ha hecho reflexionar sobre ciertas consideraciones que hace tiempo rondan mi cabeza. Se trata de "una cruel y muy inteligente sátira del mundo editorial", tal como la ha señalado *The Times* de Londres, y su autor es Alessandro Gallenzi, que mucho debe saber al respecto, puesto que es un prestigioso editor con años de experiencia en edición literaria. No quiero destriparles la trama porque vale la pena leer la novela, pero baste con decir que trata, por un lado, de un editor de la vieja escuela al que los nuevos vientos mercantilistas dejan sin trabajo. Y, por otro, de un escritor inédito cuyo fracaso le despierta incluso instintos asesinos. Ambos acaban enredados en una divertidísima y delirante trama de misterio con el telón de fondo de la feria de vanidades y vacuidades en

Continúa en página siguiente >>

<< Viene de página anterior

la que se ha convertido el negocio del libro. Uno en el que para triunfar no es necesario ni mucho talento ni mucha inteligencia y, por supuesto, tampoco bagaje cultural alguno".

En cuanto a la función del **receptor,** es múltiple y universal. Los mensajes publicitarios van dirigidos según los intereses de la mayoría de audiencia que estimen que sigan la programación en los medios en esos momentos y espacios. Sin embargo, el receptor funciona como una masa impersonal y colectiva nada individualizada. La forma en que se llega al público depende tanto del ámbito de difusión (ya que pueden ser productos editoriales de autores locales, provinciales, nacionales, etc.); como del contenido que le interese (obras generales, económicas, culinarias, románticas, dramáticas, históricas, etc.).

Un elemento relevante para la actividad de los distintos medios comunicativos es su periodicidad y perpetuidad. La radio, la televisión, las redes sociales e Internet emiten durante todo el día sin interrupciones de programación. Tan solo la prensa escrita se clasifica según su publicación: diaria, semanal, quincenal, mensual, trimestral, etc. No obstante, muchos de ellos poseen su edición digital que tampoco tiene descanso y se actualiza constantemente.

4.1. Prensa

Normalmente, la prensa conlleva una mayor capacidad de análisis, reflexión y estudio que otros medios. Se utiliza el papel o la red digital y su difusión es continua en Internet y periódica en el soporte escrito. Las publicaciones periódicas suelen dividirse en:

- **Prensa especializada:** con textos que se centran en un tema concreto (cine, deportes, viajes, libros...). Existen revistas expresamente editadas para el público editorial y el receptor suele ser un lector asiduo.

Un número de la revista mensual Mercurio, especializada en la literatura y los temas de la actualidad literaria.

- **Prensa no especializada:** con contenidos de información general.

Lo que sí es una característica esencial y fundamental es la constante actualidad, esto es, los productos que se promocionan en la prensa son las novedades más recientes del mercado editorial.

 Recuerde

El objetivo de los periódicos y revistas consiste en informar, entretener e interpretar la realidad cada uno en su línea ideológica. Algunos medios son más sutiles y otros no tanto, ello se advierte con el uso de algunas características lingüísticas como la utilización de adjetivos.

Hay que tener en cuenta que en este medio para la difusión de las obras son importantes los signos visuales paralingüísticos (los tipos, tamaños y estilos de letras, etc.) e iconográficos (fotografías, símbolos, ilustraciones, etc.).

El formato de las letras, los tamaños y la ilustración intentan llamar la atención del receptor.

En la actualidad, la prensa escrita ha perdido el protagonismo del siglo XIX por los avances digitales que en este siglo han cambiado el mercado. No obstante, sigue siendo un campo abierto a distintos sectores y necesario para la transmisión y difusión de información y productos.

 **Actividades**

3. Busque dos títulos de revistas literarias y explique de qué hablan en ese número.

4.2. Radio

La radio es el medio tradicional de propagación más inmediato en la transmisión de información. Gracias a la tecnología, permite la transferencia prácticamente simultánea de los hechos que ocurren y la intervención directa de testigos a un bajo coste de producción.

Para llevar a cabo este proceso se utiliza el código verbal de la lengua oral y signos auditivos que son los que dan las tonalidades a las voces audiofónicas. Los elementos como la paralingüística (el timbre, el volumen, la intensidad, el llanto, la risa, la ironía, la entonación de la voz, etc.), la música (sintonías de apertura y cierre de un programa, las canciones de la publicidad, las melodías asociadas a una sección, etc.) o los efectos especiales (ruidos, manipulación del sonido, etc.) son los que van llevando el ritmo del medio y evitan caer en el tedio y el cansancio auditivo.

En algunos casos, la difusión del producto editorial se transmite de dos formas:

- El mismo locutor entona y proporciona el mensaje publicitario dirigiéndose a su público e intentando convencer de su eficacia e interés.
  Ejemplo: "Querida Rosana cuál es el libro que te está dejando sin dormir por las noches. Pues este libro, Herrera, es La boda de Kate de Marta Rivera de la Cruz, una apasionante historia de amor que te tendrá en vilo porque a sus setenta y dos años a la protagonista le piden matrimonio y su propia familia no se fía del futuro esposo. Así que, en mitad de numerosas y turbulentas discusiones familiares Kate debe preparar sus nupcias planteándose si merecerá la pena o no pasar por el altar. Gracias Rosana, ya saben queridos oyentes ¿quieren pasar un rato ameno y divertido con un toque de reflexión? Pues no se lo piensen, yo no lo he pensado y tengo este libro en mi mesita de noche".
- Por otro lado, después de un espacio de noticias o de programa se da paso a un espacio publicitario donde el anuncio se repite en distintas horas y espacios radiofónicos.

Actualmente ha cobrado mucha relevancia el formato de audio, a demanda, denominado podcast. A través de plataformas como *Spotify, SoundCloud* o *Podcast* de *Google,* por citar algunos, los archivos de audio son compartidos en directo vía *straeming* o bien grabados y almacenarlos para posteriores reproducciones. Los podcast permiten diferentes formatos propios del estilo radiofónico, como entrevistas entre invitado y presentador, grabaciones individuales sobre un tema específico, columnas, lecturas de textos, etc.

 Ejemplo

"Dan Brown vuelve a los misterios históricos con su personaje favorito, el profesor de simbología Robert Langdon, con la novela *Inferno,* inspirada en *La Divina Comedia* de Dante y que saldrá a la venta el 16 de mayo".

4.3. Televisión

Este medio audiovisual es el más popular de todos. Aunque también es el que menos capacidad de análisis y reflexión aporta, debido a la rapidez y continuidad de transmisión comunicativa, es decir, no da tiempo al espectador a pensar ya que es información tras información.

Esta vía de comunicación utiliza el código de la lengua oral y escrita. Los signos visuales y auditivos que usa son: los paralingüísticos (el timbre de la voz, la imagen en movimientos que incluye signos cinéticos y proxémicos); la música (las sintonías de los mensajes publicitarios, las melodías de los programas, etc.); y los efectos especiales (los ruidos y la manipulación de la imagen y los sonidos).

 Nota

Tanto la kinésica como la proxémica son dos ramas de la paralingüística que se dedican al estudio del lenguaje no verbal. La Kinésica es la ciencia que estudia las expresiones que son comunicadas a través del comportamiento, es decir, a través de: la postura corporal, los gestos, la expresión facial, la mirada y la sonrisa. Por su parte, la proxémica se refiere al uso que hace una persona en un espacio concreto. Por tanto, los signos cinéticos y proxémicos son aquellos que se refieren a los gestos y posturas de las personas en las imágenes.

La televisión puede incorporar la emisión en directo, pero lo normal es que haya una edición previa, una preparación de los contenidos y una estructuración de los mismos. Se sigue un guion en los programas y, excepto que se incorporen informes de última hora, se continúa fielmente la disposición antes convenida.

En ocasiones, existe la posibilidad de que un presentador o una presentadora recomiende un libro que se ha leído o se está leyendo por algún motivo determinado que viene al caso a lo largo del programa.

A través de esta imagen publicitaria se intenta llamar la atención del público promocionando el diccionario de la Real Academia Española.

En este medio, la importancia de las imágenes es fundamental, a través de ellas se persigue que el público sienta la necesidad de adquirir el producto, conozca rápidamente las características del mismo, la búsqueda de efectos emocionales y la empatía del receptor.

4.4. Redes sociales

En los últimos tiempos ha sido espectacular el cambio que se ha producido en la comunicación digital. Han adquirido un auge e importancia en las vidas de las personas que ya no se concibe una sociedad sin Internet ni redes sociales.

Lógicamente, este proceso lo han tenido en cuenta las empresas a la hora de vender un producto editorial. Por ello, la publicidad es la que también sustenta las páginas webs y algunas redes sociales y, a partir de la cual, se buscan compradores interesados en una obra determinada.

Cuando se necesita algún tipo de información en Internet, primero se accede a un buscador y se escribe en él lo que se quiera saber.

En el momento en el que se utiliza una página web, aparece algún tipo de publicidad que presenta productos. Muchas librerías poseen un sistema muy reciente que consiste en reflejar distintas obras con su precio de una manera rápida para que vayan pasando en muy poco espacio de tiempo varias de ellas mientras se está en esa página. A continuación, se expone un ejemplo, se busca cualquier concepto en el buscador y se suele introducir de una manera más o menos sutil publicidad de un producto editorial en este caso.

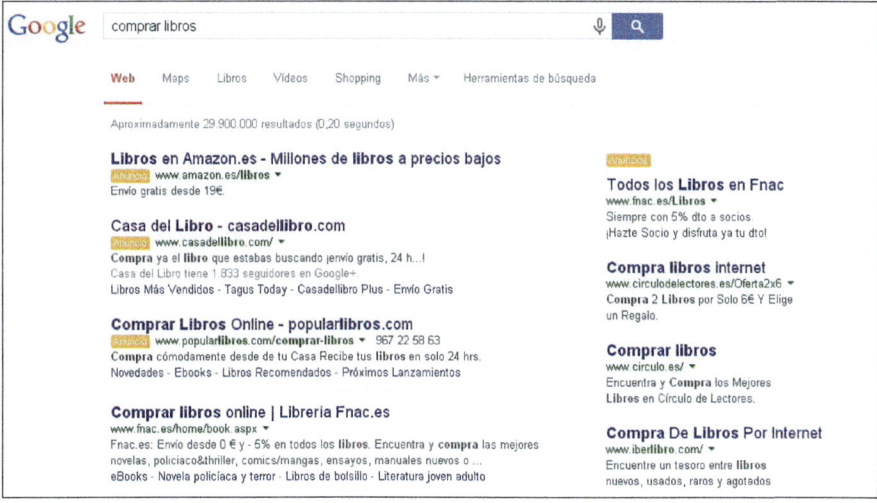

Aparición de publicidad en una búsqueda ordinaria

Por otro lado, se debe señalar que existen páginas webs concretas para comprar y vender productos editoriales en Internet. Son librerías que además del espacio físico que proporcionan para poder asistir a ellas, poseen su tienda *online* para poder adquirir productos sin tener que desplazarse el cliente.

Esto es un proceso muy eficaz y cómodo para el comprador por distintas causas: a veces, no se tiene tiempo de acercarse a la tienda para comprar; otras, la tienda en sí no se encuentra en la ciudad o el país donde el cliente vive; incluso, existen páginas webs cuyas librerías no poseen espacio físico, por lo que sería imposible comprar si no fuera de este modo. A continuación, se exponen ejemplos de librerías *online*.

Dirección de la página de varias librerías

No hay que olvidar que normalmente estos establecimientos suelen estar presentes en diversas redes sociales donde existen potenciales nichos de mercado volcados a los productos editoriales. De esta manera, en estas plataformas vuelcan toda la información relativa a nuevas publicaciones, entrevistas con autores, firmas con escritores, acontecimientos literarios, efemérides, etc., todo ello para mantener absolutamente informados a los clientes por estas vías digitales.

Cuenta de X de una librería con sus seguidores

 Actividades

4. ¿Se acuerda de alguna obra editorial que haya anunciado la televisión últimamente?
5. Busque en una página web de cualquier librería *online* el clásico literario *La dama boba* del autor Lope de Vega y explique qué datos expone la página sobre esa obra cuando se pulsa en ella.

5. Características de la publicidad y promoción en redes sociales y en webs especializadas. Idiosincrasia del mensaje en Internet ("honestidad")

Poco a poco, se van exponiendo los distintos medios de los que se dispone para que un producto editorial sea conocido por el mayor número de personas posible y su venta sea un hecho. El mundo digital ha adquirido una importancia vital en la sociedad, por lo que hay que considerarlo como uno de los medios de difusión más importantes que existe hoy en día. A continuación, se expone cómo hacer uso de él para presentar un producto y que llame la atención al consumidor.

5.1. Características de la publicidad

En el proceso comunicativo de la publicidad, hay que distinguir tres elementos: por un lado, el emisor que es la empresa que se dedica a vender el producto o el servicio que se anuncia; por otro lado, el canal que son los medios de comunicación de masas; y por último, el receptor que es el consumidor potencial.

Así, la publicidad es la emisión de información dirigida a un receptor con el objetivo de modificar sus hábitos de consumo y de que adquiera un producto determinado.

Ahora bien, las características y particularidades de la publicidad son las siguientes:

- Se necesita un patrocinador, esto es, una persona dispuesta a informar sobre el producto en sí y/o los servicios que ofrece determinada entidad.
- La publicad tiene un coste que, más allá del producto anunciado, dependerá del medio de comunicación.
- El público es objetivo, pues, se ajusta a su nivel socioeconómico y sobre todo a sus intereses.
- Persigue unos propósitos, ya que desean informar, recordar, persuadir, convencer, comparar, modificar, etc., según lo que en el mercado impere para que el consumidor compre el producto.

- Siempre se utiliza en la publicidad los medios de comunicación masivos para que llegue a un amplio y extenso público para tener más posibilidades de potenciales clientes.
- La innovación publicitaria es una constante, dado que el consumidor se acostumbra al anuncio y una renovación resulta imprescindible para mantener el estímulo consumista.

Los avances en *marketing* impulsados por el uso del *Big Data* han revolucionado la industria editorial. Mediante análisis profundos de datos obtenidos directamente de la conducta digital que tienen los consumidores a la hora de navegar por internet, se logra una segmentación precisa y personalizada, permitiendo a las editoriales entender mejor las preferencias de su audiencia y ofrecer contenido publicitario relevante, aumentando así la eficacia de sus estrategias de venta.

 Recuerde

Las características de la publicidad son: la necesidad de un patrocinador, el coste que requiere, un público objetivo, la búsqueda de unos propósitos, la utilización de la comunicación de masas y la innovación.

5.2. Promoción en redes sociales y en webs especializadas

Como se ha visto anteriormente, las redes sociales y las páginas webs son una vía no poco relevante para ser usada como medio de difusión de un producto editorial.

Una página web es un espacio en Internet donde una entidad, empresa u organización proporciona una determinada información. En ella se incluye no solo texto escrito, sino también imágenes, sonidos, enlaces, efectos de animación, etc.

A través de estas páginas especializadas se puede comprar *online* sin tener que desplazarse a la tienda física; se ofrece información al cliente sobre el producto (sus características, sus páginas, su portada, el tamaño, la opinión de otros lectores, etc.); la librería puede recomendar otros productos similares por si interesan al consumidor; etc.

En fin, distintas actividades que ayudan al cliente a conocer mejor el producto, a adquirirlo con la suficiente confianza como para que esté más o menos seguro de su compra y esta le sea satisfactoria.

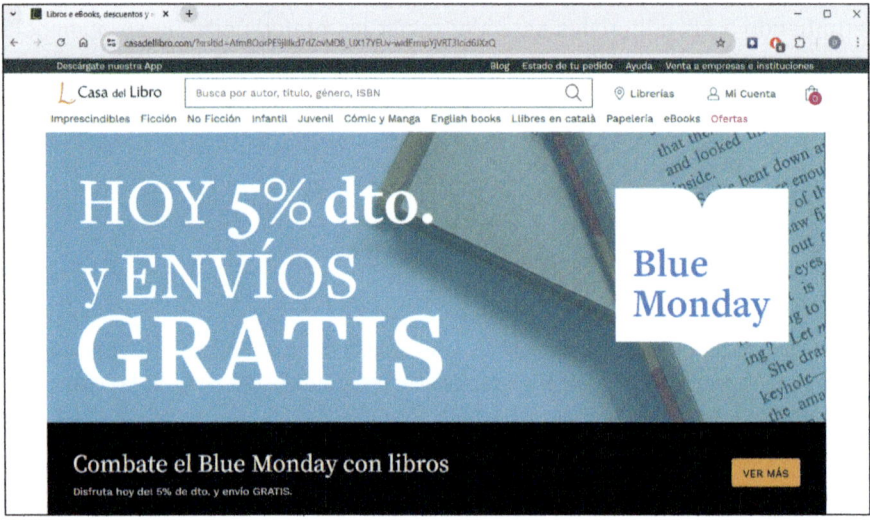

Ejemplo de librería online

En cuanto a las redes sociales son específicas de estos establecimientos y también se convierten en un punto de encuentro de lectores, clientes y personas que quieren expresar su opinión sobre un producto, formular alguna pregunta sobre una obra literaria, desarrollar un debate o foro sobre un tema concreto, obtener información para realizar una compra, etc.

Algunas librerías incluso tienen un perfil en las redes sociales en la que entran los consumidores y se encuentran en un espacio especializado y específicamente literario para compartir sus experiencias, ya sea escribiéndolas o leyéndolas.

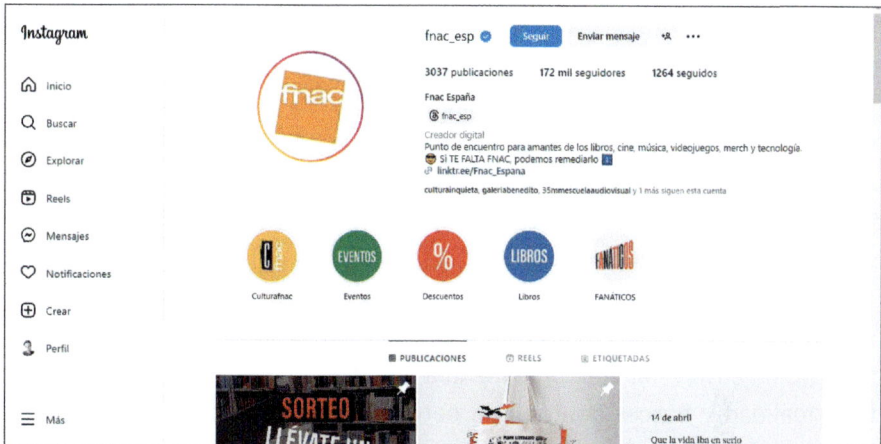

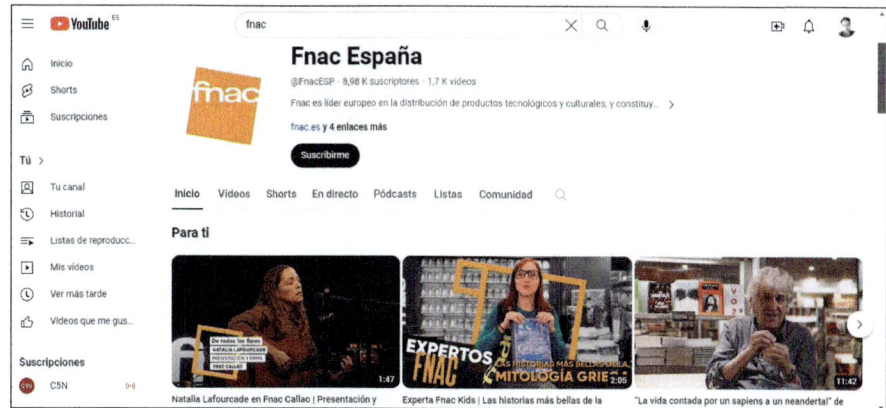

Ejemplo de red social (Facebook) de una librería

En el panorama actual del *marketing* digital en redes sociales, es crucial considerar para la construcción y desarrollo de productos editoriales, la relevancia del contenido que incluye las palabras claves necesarias para los motores de búsqueda, la interacción genuina con la audiencia, la coherencia de la marca en todas las plataformas y aplicaciones, la optimización para dispositivos móviles, la atención a las métricas clave para medir el rendimiento de lo que se publica, la adaptabilidad a cambios algorítmicos, la creatividad en el formato de publicaciones (textos, audios o vídeos) y la comprensión de la audiencia objetivo para una segmentación efectiva.

5.3. Idiosincrasia del mensaje en Internet ("honestidad")

Por otra parte, en estas vías digitales existen muchos efectos especiales que son aquellas técnicas que permiten manipular la imagen alterándola, modificándola, quitándole detalles o elementos que pueda hacer que resulte poco adecuada al producto, etc.

Son muchos los trucos físicos y ópticos cuyo objetivo es alterar la apariencia de la realidad y buscar la atracción del cliente a pesar de que a veces no sea muy honesto.

Por todo ello, el mensaje publicitario debe poseer una idiosincrasia o personalidad honesta y honrada para que el cliente y consumidor potencial pueda fiarse y confiar en la empresa en la que decide invertir su dinero.

Ejemplo de efectos de la imagen para que resulta atractivo al cliente joven

5.4. La lectura crítica de la web. Determinación de palabras claves de la web

Se ha reflejado en los puntos anteriores cómo Internet influye en la sociedad a la hora de adquirir un producto editorial y hasta qué punto forma parte de la vida de la población.

La lectura crítica de la web

Al igual que cuando se lee un texto de forma tradicional, es decir, con el objeto en las manos, a través del canal digital también se han de tener varios aspectos en cuenta para una lectura comprensiva y satisfactoria.

Por un lado, hay que saber que aunque las palabras poseen un mismo significado global que todos entienden, a veces, una misma palabra produce un efecto distinto en cada individuo.

Se distingue entonces entre: denotación (que es el significado esencial y objetivo de cada palabra, es decir, su definición tal y como se presenta en el diccionario); y connotación (que es el significado que adquiere una palabra por motivos de uso en un contexto determinado).

 Ejemplo

La palabra zorro denotativamente significa: "animal mamífero y carnívoro": *El zorro cazó a su presa en el bosque.* Sin embargo, connotativamente posee un significado es: "persona astuta": *El vecino del quinto fue muy zorro en la reunión mensual.* Refiriéndose a que esta persona se portó con mucha astucia sin tener nada que ver con el animal.

Por otro lado, hay que saber qué leemos y qué intención posee el que escribe. Algunos medios webs persiguen fomentar gustos y necesidades del público y así, poco a poco, y sutilmente homogeneizar preferencias para que el consumidor adquiera un producto determinado. Esto es, a partir de la repetición de un mensaje publicitario, por ejemplo, el consumidor casi sin darse cuenta va asimilando la información y en un número elevado de casos acaba por querer el producto.

Por ello, es muy relevante saber mirar la publicidad y tener una actitud crítica ante ella, identificar el carácter de la empresa cultural y del proceso comunicativo. A continuación, se exponen algunos consejos para llevar a cabo esa lectura crítica de las páginas webs:

- Estudiar los elementos formales que componen el texto: el tamaño de las letras, el tipo de lenguaje utilizado (coloquial, formal, vulgar...), el medio en el que difunde, etc.
- Si posee imágenes, hay que analizar el uso de los planos y angulaciones para ver qué se destaca.
- Interpretar la relación que el mensaje sugiere con el emisor a partir del texto.
- Valorar el texto a partir de la fuente, es decir, el emisor y llegar a la conclusión de qué quiere este transmitir.
- Descubrir las connotaciones si las hay, identificar los significados subjetivos, las ambigüedades y la multiplicidad de interpretaciones.
- Analizar los aspectos vinculados al producto, por ejemplo, cuando se va a comprar un *e-book,* señala al consumidor que compre también la funda para guardarlo y el cable para cargar la batería.
- Leer otros mensajes publicitarios de productos similares para comparar cómo se promociona uno y otro.

En cuanto a las imágenes, se debe pensar que representa una realidad y guarda semejanza con el objeto en sí mismo. No obstante, la imagen solamente capta la realidad parcialmente, esto es, con otro tamaño, sin relieve, una luminosidad distinta, etc. Por tanto, la imagen muchas veces es una reproducción especial de una realidad que no es tan especial.

En fin, se informa del producto, se muestran sus cualidades y se invita a su compra haciendo uso de la persuasión publicitaria a través de la imagen sobre todo, pues en ella es donde se detendrá más la mirada del receptor.

Para convencer al público, la publicidad recurre a veces al engaño, ocultando, inventando o modificando la información. Se suelen esconder los defectos, las carencias, las faltas en la fabricación de los mismos, etc. Aunque existe una regulación que protege a los consumidores de la publicidad engañosa, conviene conocer los medios y mecanismos que esta utiliza.

Ejemplo de cómo se transforma una imagen para que se adapte a la realidad que se quiera vender.

Portada de un libro con una imagen retocada para llamar la atención del consumidor.

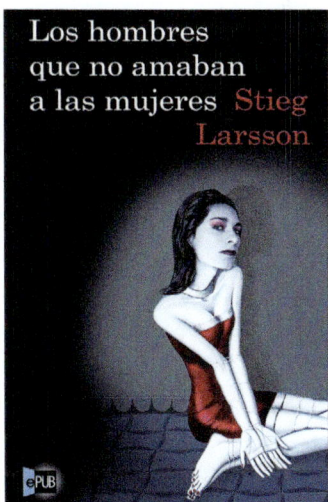

Ejemplo de una portada compuesta mediante infografía

Definición

Infografía

Es el proceso llevado a cabo a partir de procedimientos informáticos para crear imágenes nunca vistas y que no existen en la realidad, solo en el mundo virtual. Este proceso se utiliza en muchas portadas de productos editoriales para llamar la atención del consumidor con la imagen, el cromatismo o la irrealidad de la visión.

Actividades

6. Busque tres palabras que contengan su significado denotativo y algún significado connotativo.
7. ¿Qué diferencia existe entre página web y página web especializada?
8. Explique la frase: "es muy relevante saber mirar la publicidad y tener una actitud crítica ante ella, identificar el carácter de la empresa cultural y del proceso comunicativo".

Determinación de palabras claves en la web

Las palabras clave son aquellos términos que utilizan los usuarios de Internet para buscar contenidos en el mundo cibernético a través de los métodos de búsqueda (por ejemplo, *Google).*

Probablemente, el lugar más importante para determinar las palabras clave es en el título de la misma página web. No obstante, a lo largo del texto expuesto sobre el asunto que se busque también se suelen repetir estos mismos términos que van guiando en la lectura.

Con el fin de que la búsqueda de algún producto editorial en las páginas webs sea más productiva y fructífera, existe un procedimiento que ayuda a encontrar exactamente lo que se quiere con la mayor eficacia y rapidez posible. Esas herramientas para concretar la investigación son las siguientes:

- Escribir en la barra del buscador las palabras claves sobre el tema que se quiera obtener la información.
- Utilizar las comillas (" ") para introducir expresiones de varios términos inseparables.
- Emplear el signo + cuando se quiera buscar páginas en las que aparezcan dos o más palabras clave.

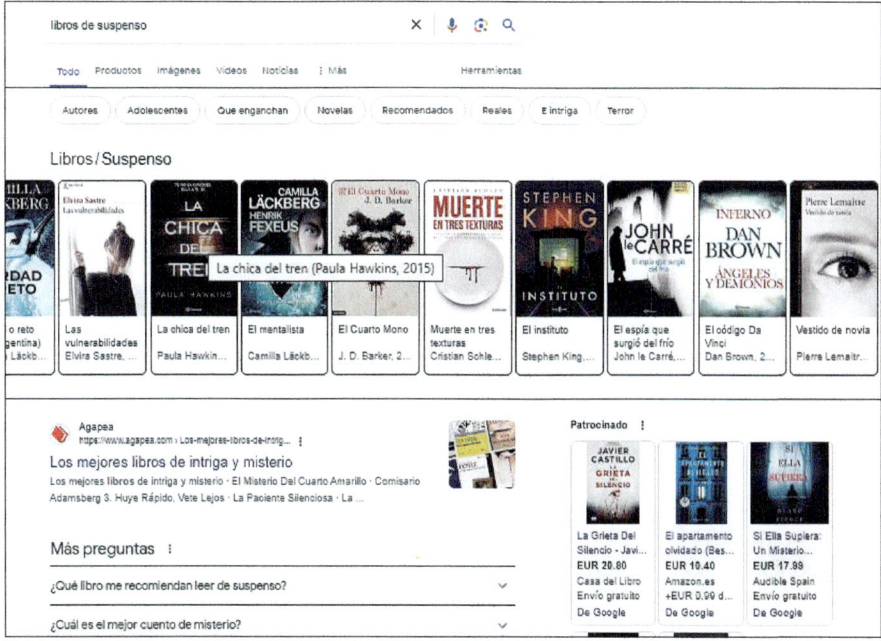

Ejemplo de búsqueda de un producto editorial a partir de palabras clave

 ## Aplicación práctica

La forma de atraer la atención del futuro cliente puede ser muy variada, a través de fotografías, de títulos sugerentes, etc. Imagine que le han pedido desarrollar un proyecto:

Continúa en página siguiente >>

<< Viene de página anterior

una editorial va a publicar unas obras literarias, tienen las imágenes que llevarán las distintas portadas de cada libro. Pero les queda conseguir un título sugerente y adecuado vinculado a cada imagen del producto editorial. Su trabajo consiste en explicar cada imagen según lo que usted perciba en ella y buscar un título en relación a la reproducción entregada.

SOLUCIÓN

A continuación, se expondrán unas cuantas propuestas de títulos para estas imágenes que van destinadas a cuentos infantiles y al público más joven.

En la primera imagen, se ven a dos niños encima de un árbol pensando, ambos tienen la misma relevancia por el tamaño de sus cuerpos que son iguales y alrededor de ellos vuelan pájaros y frutas. Además, los dos tienen sendos libros en los que vuelcan sus pensamientos y fantasías. Por tanto, algunos ejemplos serían: *El vuelo de la imaginación. Los amigos pensadores. Las aventuras de María y Carlos. Las fantasías del árbol del parque.*

En el segundo caso, se observa a un niño corriendo tras un pájaro y escondido y con cara gruñona y enfadada a un perro con aspecto amargado. La imagen sugiere que por puro azar

Continúa en página siguiente >>

<< Viene de página anterior

el chico conoce a este animal que quizás podría cambiar su carácter y hacerse amigo de él. También en la imagen se percibe el detalle de que en la carrera que está haciendo el niño para coger al pájaro parece que va a pisarle en ese momento el rabo al perro, por lo que la reacción de este no va a ser muy agradable. Algunos ejemplos: *Mario y su amigo. El camino de Pedro. El perro y el niño. La aventura de conocer a un niño.*

Por último, la tercera imagen es muy elocuente. El personaje retratado es el famoso vampiro Drácula pero su cara expresa ternura, amabilidad y simpatía. Se sugiere a través de ella que la historia podría centrarse en la vida de un vampiro rodeado de humanos que no lo tratan como tal. Algunos ejemplos: *Drácula en un Burger. Un vampiro en el parque. Mamá mi amigo es un vampiro. Soy Drácula y me gusta el cine.*

5.5. Organizar la información: claridad y eficacia en la transmisión del mensaje que se quiere transmitir

Para que un proceso comunicativo en el mundo de la publicidad sea comprendido, la información debe ser expuesta y transmitida de tal manera que quede absolutamente organizada con claridad y eficacia. De ese modo, se persigue que lo que se difunde sea exactamente lo que llegue el receptor.

Para conseguir esta eficacia, se utilizan algunas herramientas que hacen más atractivo el mensaje publicitario y llaman la atención del consumidor rápidamente. Estos instrumentos son utilizados normalmente en procesadores de textos de anuncios impresos:

- **El estilo de letra:** la **negrita,** la *cursiva* y el <u>subrayado</u> se usan para realzar algún aspecto considerado como necesario. La negrita resalta palabras claves, títulos, epígrafes, etc. La cursiva se aplica a los títulos de libros y obras de arte, para las citas textuales y para las palabras en otros idiomas. El subrayado para palabras que quieran destacarse especialmente.
- **La tipografía:** el tamaño de la letra, los espacios entre letras, palabras y líneas, la combinación de tipos de caracteres, el empleo exclusivo de mayúsculas o minúsculas, puede aparecer letra manuscrita (para expresar

espontaneidad), letra de graffiti (para crear sensación de libertad, de protesta, de ruptura, de reivindicación...).

- **El esquema:** sirve para ordenar ideas en principales y secundarias. Se puede utilizar números o viñetas para subdividir apartados, por ejemplo.
- **La tabla:** es un recurso utilizado para presentar de una manera ordenada una clasificación de elementos. Pueden utilizarse columnas y filas horizontales o verticales según los datos que se vuelquen en ella.

Ejemplo de distintos formatos, tamaño y distribución dispar

A través de una determinada distribución de los elementos que componen un anuncio, lo que se busca es que el espectador dirija la mirada hacia una zona concreta. El mensaje publicitario puede resultar equilibrado, simétrico, unificado o, por el contrario, inestable, fragmentado y asimétrico. Cada uno de estos tipos de presentación sirve para atraer la atención del consumidor.

Además, la imagen es un elemento indispensable para una comunicación rápida, breve y concisa. Por ello, en las distintas fotografías, dibujos, o imágenes virtuales, hay que tener en cuenta su configuración, es decir, el plano, el color, la cinética y la proxémica.

- En el plano destaca el encuadre, la angulación, la iluminación, los efectos especiales, etc.
- El color impacta en su conjunto, pues, los fríos (azules, verdes y morados) se utilizan menos, en contraste con los cálidos (rojos, naranjas y amarillos) que provocan sensaciones más agradables. El negro y el blanco suelen utilizarse para evocar el cine, el vanguardismo, el contraste absoluto, etc.

- La cinética: se utiliza para expresar los sentimientos del rostro humano (felicidad, tristeza, sorpresa, miedo, angustia, dolor...). La mirada, los gestos y los movimientos corporales comunican sensaciones como relajación, placer, satisfacción, etc.
- La proxémica: se refiere a las relaciones de los sujetos en el espacio, de los individuos entre sí y de los personajes con el producto. Puede ser distante, íntima, personal, social, pública, etc.

Ejemplo de imagen virtual y contraste de colores con efectos proxémicos del tema de la obra, una sombra parece que "entra" en el libro.

Ejemplo de portada que expresa mucho a través de la imagen del rostro humano.

 Actividades

9. Cambie el texto que a continuación se expone y resalte con los estilos de formato estudiados las palabras que considere.

La gran fiesta del cine

Durante esta semana solamente se ha llevado a cabo una actividad que a muchos que aman el cine les ha encantado. Consiste en que solo durante siete días el séptimo arte

Continúa en página siguiente >>

<< Viene de página anterior

cuesta 2,90 céntimos la entrada. La avalancha de público ha sido masiva y la respuesta a esta iniciativa resulta muy elocuente. Las autoridades piensan en promover otras prácticas de este tipo para llevar al cine películas como Desayuno con diamantes o Gilda y así volver la mirada a los clásicos.

6. Resumen

La sociedad en que se vive está saturada de información sobre todo en los últimos años, información digital. Por eso, hay que hacer mucho hincapié en las distintas formas de exponer y presentar un producto editorial a través de esta vía. La honestidad y sinceridad en los rasgos y características de la obra son esenciales para que el consumidor vuelva a repetir su compra en determinado establecimiento habiendo quedado satisfecho y contento.

Además, la claridad expositiva, la precisión analítica y la accesibilidad organizada en las páginas webs dedicadas a estos productos es absolutamente fundamental para el cliente porque así, encuentra rápido el objeto deseado y adquiere una orientación sobre el mismo para próximas adquisiciones.

Por último, la sociedad necesita y pide unos conocimientos bien para su ocio, bien para su actividad laboral. Y, por ello, el modo en que los productos editoriales lleguen al potencial cliente debe tener en cuenta los intereses de estos, los gustos personales, los medios de comunicación más visitados en este tipo de compras o el nivel de formación y divulgación del cual se debe partir para un determinado público.

Ejercicios de repaso y autoevaluación

1. De las siguientes frases, indique cuál es verdadera o falsa.

   a. Para que un producto se presente en una sociedad, se deben usar todas las posibles vías de difusión.

      ☐ Verdadero
      ☐ Falso

   h. La empresa no tiene por qué saber qué necesidades tiene el público al que va dirigido el producto.

      ☐ Verdadero
      ☐ Falso

   c. Las recomendaciones entre familiares o amigos pueden incrementar las ventas de un producto editorial.

      ☐ Verdadero
      ☐ Falso

2. Relacione los siguientes elementos característicos de cada uno de los dos elementos de la comunicación.

   a. Emisor
   b. Receptor

   __ Impersonal
   __ Modifica la información
   __ Universal
   __ Columnista
   __ Colectivo
   __ Contertulio

3. La prensa...

    a. ... siempre lleva la firma de quien escribe.

    b. ... conlleva una mayor capacidad de análisis, reflexión y estudio que otros medios.

    c. ... es el medio más eficaz para la difusión del producto editorial.

    d. ... suele ser siempre especializada en algún tema en concreto.

4. **Busque en la siguiente sopa de letras tres de los medios de comunicación que sirven para difundir un producto.**

A	S	N	E	R	P	E	T
B	C	Q	L	U	M	N	A
I	N	T	E	R	N	E	T
A	C	I	N	A	R	C	C
M	Q	C	A	D	U	L	T
S	U	I	L	I	U	T	O
I	E	A	T	O	Q	S	R

5. **¿Qué diferencias existen entre la prensa y la televisión? Razone la respuesta.**

_____

_____

_____

_____

_____

_____

_____

6. Complete la siguiente oración.

La radio es el medio de propagación más _____ en la transmisión de información. Gracias a la tecnología, permite la transferencia prácticamente simultánea de los hechos que ocurren y la intervención directa de _____ a un _____ coste de producción.

7. ¿Cuáles son las dos formas de transmisión del producto editorial en la radio?

_____
_____
_____
_____

8. Las características de la publicidad son...

    a. ... un público objetivo y unos intereses concretos.
    b. ... un emisor y un producto.
    c. ... un coste elevado para su difusión.
    d. ... tener siempre una imagen asociada.

9. Defina 'página web'.

_____
_____
_____
_____

10. ¿Para qué sirven las redes sociales en la venta de productos editoriales?

_____
_____
_____
_____

11. ¿Qué es la denotación y la connotación?

_____

_____

_____

_____

12. ¿Cuál de estos consejos no es práctico para realizar una lectura crítica en la publicidad?

    a. Estudiar los elementos formales que componen el texto.
    b. Analizar el uso de planos y angulaciones de las imágenes.
    c. Leer otros productos publicitarios de productos similares.
    d. Pensar que la publicidad quiere lo mejor para el consumidor.

13. A partir de la imagen en la publicidad...

    a. ... se intenta transformar la realidad para crear un vínculo entre consumidor y producto.
    b. ... se convence al cliente de la 'necesidad' de adquirir el producto.
    c. ... se informa del producto, se muestran sus cualidades y se invita a su compra.

14. ¿Qué son las palabras clave y para qué sirven?

_____

_____

15. ¿Cuáles son los instrumentos más utilizados en procesadores de textos para los textos de anuncios impresos?

_____

_____

Capítulo 3
Redacción de textos que acompañan al producto gráfico

Contenido

1. Introducción

Para exponer un producto a la hora de comercializarlo, se debe tener en cuenta una serie de aspectos presenciales que acompañarán a ese elemento para que ayuden al convencimiento de la compra de los usuarios.

En el producto editorial componentes como la portada, las imágenes, el estuche, la carátula, algunas guías orientativas en la lectura, el embalaje, etc., son distintos mecanismos cuyo fin es atraer al potencial comprador y satisfacerlo (con la calidad, el precio del producto...) para que vuelva a consumir nuevamente.

Por otro lado, las obras literarias pueden comercializarse a través de tiendas físicas y mediante la vía digital en librerías *online.* Para este último camino, se utilizan unas técnicas textuales que sirven para promocionar en las páginas webs los libros y pretenden llamar la atención del usuario eficazmente para que este lo adquiera. Una de estas técnicas en concreto es el hipertexto, la cual crea vínculos con los distintos temas que el usuario desee y es una muy buena manera de que el receptor vaya hilvanando a través de la red los temas literarios o libros que quiera según sus intereses.

2. Técnicas para la redacción de textos cortos

En el proceso de elaboración y difusión de un producto editorial, interviene una serie de elementos que estudiar: a qué público va dirigido, qué tipo de lenguaje utilizar, cómo presentar el producto, en qué medio de comunicación promocionarlo para que llegue al mayor número de receptores posible, etc.

Ahora bien, una vez elegido el medio comunicativo para exponer la obra editorial, hay que analizar el modo de reflejar las características más atractivas y los rasgos más sugerentes. El comerciante debe pensar qué decir o escribir en el anuncio publicitario o en el producto mismo para que llame la atención del público.

El espacio y el tiempo para promocionar los libros son limitados, por tanto, el texto propagandístico debe reunir unas particularidades lingüísticas que ayuden a decir mucho en muy pocas palabras.

Existen unas técnicas para la redacción de textos cortos que sirven para orientar al emisor sobre cómo exponer brevemente lo más importante y llamativo de un producto con el fin de que el receptor quiera adquirirlo.

En primer lugar, la **concisión,** se trata de buscar la exactitud en el modo de expresión de un concepto, pero teniendo en cuenta la economía de las palabras utilizadas.

En segundo lugar, la **precisión,** muy en relación con la técnica anterior, consiste en la rigurosidad en el lenguaje y la austeridad en el estilo lingüístico con el fin de que quede presente la idea relevante y se suprima cualquier detalle secundario sobre el producto.

En tercer lugar, la **atracción,** en la forma de presentar el libro debe haber lugar para la intriga, el suspense, la curiosidad, la empatía, la duda, etc., es decir, sensaciones que produzca el texto publicitario para que despierte el interés del consumidor.

En cuarto lugar, la **resonancia lingüística,** se deben utilizar palabras lo más significativas y elocuentes que se pueda, con el objetivo de que permanezcan en el recuerdo, consciente o subconsciente, del receptor.

Por último, la **simplificación** consiste en la utilización de un texto fácil, accesible y apto para el mayor número de clientes posible. El mensaje debe reflejar la singularidad de la obra editorial y carecer de complicaciones lingüísticas y complejas estructuras.

 Actividades

1. Idee y escriba un texto corto para promocionar un libro que elija. Recuerde aplicar las técnicas anteriormente descritas.

2.1. Las partes de un producto editorial

A continuación, se exponen las distintas partes de un libro para saber utilizarlas en el proceso de promoción del mismo que en los siguientes apartados del capítulo se presentan.

Un producto editorial u obra literaria es una pieza normalmente impresa que se une con una encuadernación y está recubierta de unas tapas que también se llaman cubiertas. Sin embargo, en los últimos tiempos está llegando al mercado el libro digital que en su contenido se compone de las mismas partes que el físico, pero al ser un formato digital, su envolvente depende del dispositivo en el que se reproduzca.

En cuanto al exterior de un libro son estos los elementos que lo constituyen:

- **Lomo:** lugar donde se imprimen datos como el título, número o tomo de una colección, el nombre del autor, el logotipo de la editorial, etc.
- **Tejuelo:** es utilizado en las colecciones y se trata de un pequeño cuadrado en la parte superior utilizado para exponer el nombre del autor y el título de la colección.

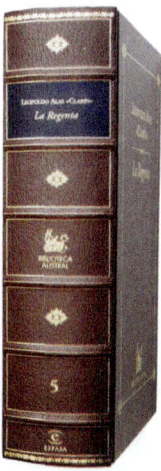

Ejemplo de lomo con tejuelo

■ **Portada** o **cubierta:** es un espacio reservado para los datos del autor, el título y la editorial, algunas veces suele introducirse una imagen.

Ejemplo de portada sin imagen

■ **Contraportada:** se trata del espacio opuesto a la portada, es decir, la parte posterior del libro. A veces se deja vacía y otras se utiliza para exponer opiniones de la crítica o de otros autores sobre el producto, realizar alguna reseña o resumen de la historia que cuenta, exponer las primeras líneas del texto, etc.

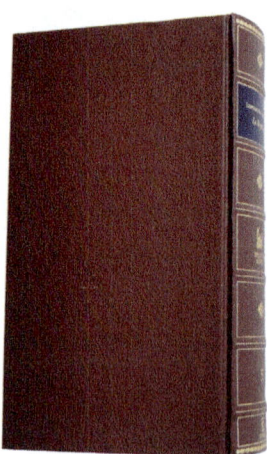

Ejemplo de contraportada

- **Cabeza:** es la parte superior del lomo que sobresale un poco por la encuadernación y tras las hojas.

Ejemplo de cabeza

- **Pie:** es la parte inferior del lomo que también sobresale por la encuadernación por debajo de las hojas.

Ejemplo de pie

- **Hueco:** se trata de un minúsculo espacio que queda entre la portada y el lomo, es decir, un arco diminuto 'ahuecado' entre un elemento y el otro.

Ejemplo de hueco

En cuanto a la parte interior del libro, se compone de los siguientes elementos:

- **Guarda:** es aquella hoja que va unida de la tapa del libro al resto de las hojas.

Ejemplo de guarda

- **Portadilla** o anteportada: es la hoja donde se repiten datos de la obra: el autor, el título y la editorial.

Ejemplo de portadilla en el interior del libro

- **Hojas:** son aquellos folios en los que se vuelca la información y el texto del producto editorial. Las hojas pueden ser de varios tipos:

  - De cortesía o de respeto: son aquellas que se dejan en blanco y se colocan al principio y al final del libro.
  - De texto: son las que sirven para presentar el cuerpo de la obra en sí mismo, es decir, la historia. Se escribe por el anverso y el reverso y van paginadas con números.

- **Páginas:** son las caras de la hoja, por tanto, una hoja tiene dos páginas. Al principio del libro se presentan las páginas de los derechos del autor o copyright, derechos de propiedad o de créditos, se incluyen las fechas de ediciones del libro, reimpresiones, depósito legal, título en original si es una traducción, créditos de diseño, etc.
- **Índice:** es la lista ordenada que muestra los diferentes capítulos, artículos, las materias y otros elementos del libro, epígrafes, subepígrafes, etc. No todos los libros lo tienen y suele colocarse al principio de la obra, aunque también se encuentran al final en algunos casos.

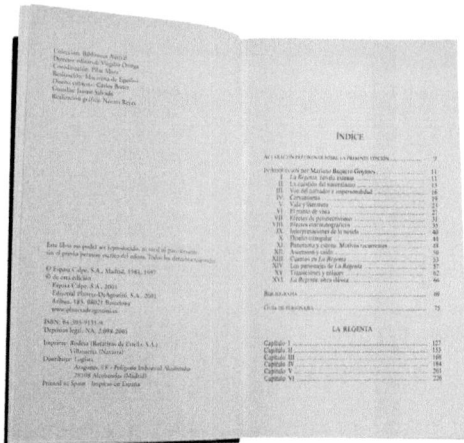

Ejemplo de página con datos del producto y de índice

- **Sobrecubierta, camisa** o **chaleco:** no todos los libros la tienen pero es más o menos frecuente. Se trata de una especie de funda que se pone al libro para protegerlo y se imprime, o bien, exactamente la misma imagen y datos que en la portada, o bien, solo la sobrecubierta y se deja vacía la portada.

Ejemplo de sobrecubierta, camisa o chaleco

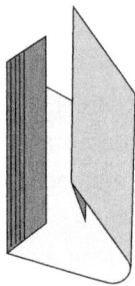

- **Solapa:** es aquella parte del chaleco que queda en el interior del libro tanto por delante como por detrás y en ella se presenta: la vida y obra del autor, una reseña del libro, alguna fotografía, otras obras de la misma editorial, algunas breves críticas, etc.

- **Faja:** es aquel 'medio chaleco' que se inserta en las primeras ediciones o en aquellas que están siendo muy vendidas. En ella se vuelca información variada: el número de ediciones publicadas, el éxito de la obra en otros países, algún premio recibido, etc.

Ejemplo de solapa (número 2) y de faja (número 1)

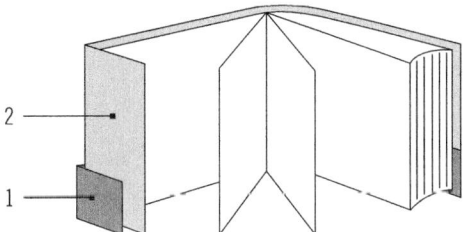

- **Dedicatoria:** es una página que utiliza el autor para dar las gracias a una o varias personas que le han apoyado o ayudado en el desarrollo de la obra. Se suele colocar tras la portadilla.
- **Prólogo** o **introducción:** se trata de un espacio previo al cuerpo de la obra para presentar: algún aspecto en relación al proceso y evolución del texto o el análisis y estudio de algunos asuntos tratados en el libro.

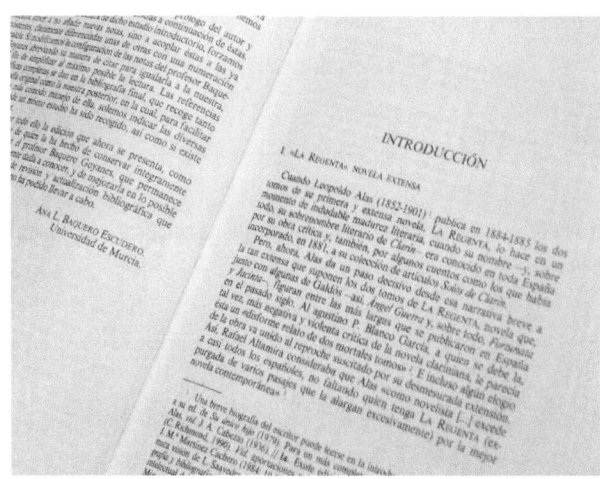

Ejemplo de Introducción sobre la obra

- **Bibliografía:** es un espacio destinado a exponer la relación de obras utilizadas para la confección del libro y se suele presentar al final de la obra.
- **Capítulo:** cada uno de los apartados en los que algunas obras se divide para contar la historia. Algunos libros utilizan capítulos con título propio y otros sin título, presentados entonces con numeración solamente (bien arábiga, bien romana) solamente o con puntos y aparte y en otra página. No obstante, existen obras literarias que no poseen capítulos en absoluto y las diferentes acciones de la historia se separan con puntos y aparte pero en la misma página.

Ejemplo del inicio de una obra con el primer capítulo

 Actividades

2. Escoja un libro y localice todas las partes de que se compone, escriba también si carece de alguna.

Recuerde

Las técnicas para la elaboración de un texto corto son: la concisión, la precisión, la atracción, la resonancia lingüística y la simplificación.

2.2. Solapas

La Real Academia Española define solapa como: "prolongación lateral de la sobrecubierta o camisa de un libro, que se dobla hacia adentro y en la que se imprimen algunas advertencias o anuncios".

En realidad, es la primera información del libro que llega al consumidor y, por tanto, debe ser breve, orientadora y atractiva. Esta información puede estar formada por frases de la crítica alabando la obra, reseñas sobre el libro o la biografía del autor con otras de sus obras.

La faja es otro de los elementos que está muy relacionado con la solapa y se va renovando e incluyendo información del tipo: el número de ejemplares vendidos, el número de las ediciones, los premios que va recibiendo el libro o si la obra se ha adaptado al cine.

Estos elementos (solapa y faja) son de vital importancia en el envase de la obra literaria porque esa información es la que el lector tendrá inicialmente sobre el producto y se busca con ella captar su atención para que se incline a su compra.

Hoy en día pueden incorporarse Códigos QR, para redirigir a los interesados a contenido multimedia, como una entrevista del autor, o bien generar un "embudo de venta" hacia productos digitales (tienda *online)* y construir base de datos propios para la editorial.

Ejemplo

El hecho de que una novela se encuentre en su octava edición y tenga cincuenta mil ejemplares vendidos puede ayudar a que el lector decida comprarla, pues, demuestra que el libro ha gustado en general al público.

Por otro lado, el texto que se presenta en la solapa debe ser escueto y no destripar la historia de la obra cuya función es orientar al lector y conseguir que este se sienta atraído por esa literatura, es decir, la información se basa en unas coordenadas imprescindibles para convencer al receptor pero sin descubrir el argumento de la novela ni dar detalles reveladores sobre la historia.

Ahora bien, la información tampoco debe engañar al potencial cliente y ceñirse al equilibrio entre la realidad y el elogio, pues si crea demasiadas expectativas en el lector este puede verse ofendido.

Ejemplo de solapa con la vida de la autora en la parte de delante y en la parte posterior se exhiben otros títulos publicados de la editorial.

Ejemplo de fajas con el número de la edición vendida

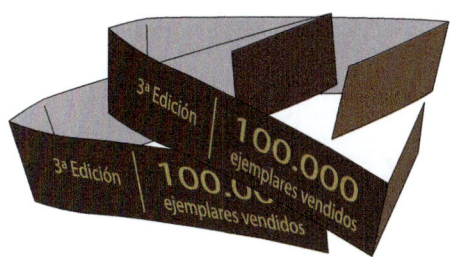

 **Actividades**

3. Observe en algún establecimiento un libro que tenga faja y comente la información que se vuelca en ella. ¿En qué puede convencer al comprador esa información?

2.3. Cubiertas

Siguiendo a la Real Academia Española, se define cubierta como "la parte exterior delantera que cubre los pliegos de un libro y que suele reproducir los datos de la portadilla".

La cubierta o portada de una obra puede ser muy variada. En ocasiones, se utilizan imágenes para llamar la atención del receptor, o bien porque tienen que ver con la historia y así evocan el argumento de la misma; o bien, otras veces se prefiere una cubierta minimalista con un color mate y tan solo los datos imprescindibles, pues el título por sí solo ya es evocador, etc.

Ejemplo de distintas cubiertas o portadas con ilustraciones y sin ellas

Algunas editoriales presentan la obra con una sobrecubierta, camisa o chaleco cuyo fin es protegerlo. La portada de estas camisas puede coincidir con la portada del libro o no. Cuando no coincide se suele optar por un color neutro en todo el producto y se expone la información bibliográfica solo en el lomo dejando para la portada de la sobrecubierta la ilustración y los datos de la autoría, título y editorial.

Ejemplo de cubierta distinta a la portada de la sobrecubierta

En otras ocasiones, se utiliza también sobrecubierta con la misma portada en el interior que en el exterior, aunque no es lo más frecuente en las publicaciones.

Ejemplo de portada exacta en la cubierta y en la sobrecubierta

Ahora bien, la cubierta o portada de un libro tiene una función crucial: impresionar al comprador potencial. Se ha estudiado que un lector dedica a una portada que le ha interesado entre cuatro y ocho segundos. Si le gusta, el futuro cliente invertirá unos diez segundos o más en seguir observándola, lo cual esto es una gran oportunidad para convencer al lector de que adquiera el libro.

Si a los lectores les gusta la portada, lo normal es que vayan directamente a la contraportada del producto. Normalmente, es en este espacio donde el cliente acaba de convencerse o no de la compra. Por tanto, estas áreas son decisivas para exponer una información muy pensada, elaborada y cuidada para el potencial cliente.

Lo que no debe llevarse a cabo en la contraportada es: el uso de muchas palabras que no concreten nada sobre la historia, la inclusión de material superfluo como la vida del autor o una fotografía, la repetición del título del libro, etc., en definitiva, rellenar un vacío sin orientar al receptor sobre qué va a encontrar en el libro.

En cambio, es recomendable una serie de técnicas para causar buena impresión y convencer al cliente de la compra: utilizar imágenes y emociones en relación al texto, exponer el comienzo de la novela o alguna cita de la propia historia, plantear interrogantes emocionales o titulares que enuncien los beneficios del libro, inspirar al lector para encontrar respuestas en el texto, presentar testimonios de personas (ya sea de profesionales reconocidos en un campo, de lectores satisfechos o de celebridades reconocidas en medios de comunicación), pues los compradores confían en la gente que ha leído el libro y lo recomienda.

Todas estas prácticas poseen un único objetivo: que el cliente adquiera el producto. Sin embargo, hay que añadir que es muy poco el lapso temporal disponible para conseguir ese fin, pues se habla de segundos o minutos a lo sumo. Por todo ello, la información presentada debe ser muy preparada, meticulosa, pragmática y seductora.

Actividades

4. Observe las siguientes cubiertas o portadas y comente qué elementos pueden convencer o llamar la atención del lector para adquirirlos.

2.4. Estuches

Según la Real Academia Española un estuche es "una envoltura que reviste y protege algo" ya sean libros, objetos, joyas, instrumentos, herramientas, etc.

Normalmente, este tipo de práctica se lleva a cabo para colecciones muy especiales o directamente de coleccionistas que se lanzan al mercado en una efeméride o acontecimiento en relación al autor o al producto.

En muchas ocasiones se trata de aniversarios de la publicación, de la muerte o nacimiento de un autor para que se apueste por este tipo de colecciones limitadas y que ello hace que al lector sibarita le apasionen.

Ejemplo de estuche con todas las tragedias de Shakespeare

Son ediciones absolutamente cuidadas, muy mimadas por parte de la empresa editorial, con un papel utilizado algo más grueso que en las publicaciones ordinarias, las ilustraciones suelen ser de artistas consagrados, a veces se presentan con textos prologales desarrollados por expertos en la materia, y una calidad extraordinaria en los materiales.

Como suelen ser libros que ya se han editado anteriormente, es decir, el texto ya ha llegado a manos del lector, este tipo de ediciones deben atraer la atención del cliente por otro tipo de elementos además del texto mismo. Por ello, se apuesta por la belleza exterior e interior de los elementos extralingüísticos para fascinar al consumidor.

Algunos de los productos editoriales (libros, novelas gráficas, reediciones limitadas de DVD y discos de vinilo) poseen una publicación de este tipo en la cual se atiende mucho a la presencia del objeto.

Ejemplo de estuche de una película cuando finalizó la trilogía que la conformaba

 Actividades

5. Busque información sobre una obra literaria o cinematográfica que haya celebrado alguna efeméride temporal cercana y alguna editorial haya decidido desarrollar una edición especial para la ocasión. Describa qué elementos extraordinarios se han utilizado para tal publicación.

2.5. Carátulas

La Real Academia Española define una carátula como "la cubierta o portada de un libro o de los estuches de discos, casetes, cintas de vídeo, etc.". Es decir, vuelve a ser aquella parte del producto que el cliente mira para convencerse o no de adquirirlo.

Se refiere al revestimiento que protege al producto cuya función coincide con la sobrecubierta, camisa o chaleco antes explicado. Sin embargo, la carátula es más rígida y resistente a posibles golpes.

Como está en el exterior del libro es donde se vuelcan los datos del autor, el título, la empresa editorial y alguna ilustración. Es el espacio en que primero se fija el comprador.

 Recuerde

Tanto la cubierta como la carátula son las partes exteriores de la obra en la que se vuelcan los datos del autor, título y editorial; sin embargo, se distinguen en que la cubierta es la portada del producto mismo y la carátula es la portada del estuche que protege al producto.

A la hora de elaborar una carátula hay que tener en cuenta el color utilizado como fondo, el formato de las letras para los datos del título, autor y editorial u otro tipo de información, las ilustraciones que se exponen, el lugar en la misma portada donde se imprime la información, los márgenes de espacios en blanco, etc., pues todo ello contribuye a que una edición destaque frente a otra.

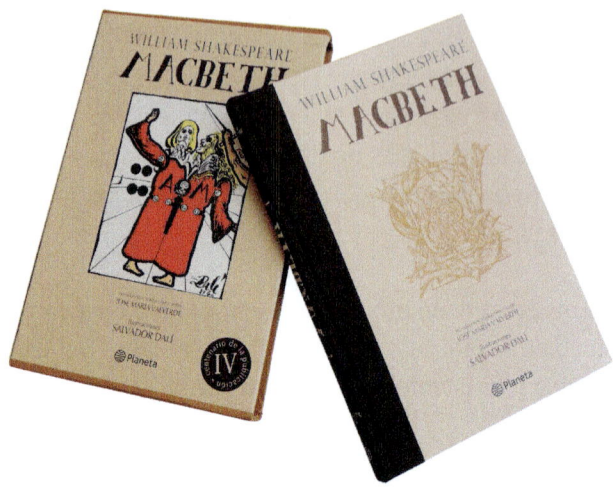

Ejemplo de carátula con distinta ilustración que la portada del libro

La carátula puede coincidir con la impresión de la portada del libro o no, según decida la empresa.

2.6. Guías del producto

Cuando un producto editorial se lanza al mercado existe la posibilidad de que algunas ediciones estén acompañadas de algún elemento que oriente al lector en el curso de la historia literaria.

Ocurre sobre todo en novelas históricas que se centran en un espacio concreto y en un tiempo en particular. En ese lugar y momento se desarrolla toda la acción del libro y para ilustrar los escenarios de la ciudad y cómo se encontraba el sitio en el año descrito se puede agregar al producto en el interior un plano por ejemplo, como ocurre en esta novela de Pérez-Reverte.

Ejemplo de un plano para ayudar al lector a imaginar dónde ocurren las acciones contadas en la historia literaria.

En otros casos se puede utilizar otro tipo de elementos que inspiren al comprador a adquirir el producto y a leerlo. Estos componentes pueden ser: marcapáginas, objetos decorativos, ilustraciones especiales, pósteres, etc. Todos ellos siempre en relación a la historia contada en la obra.

Ejemplo de marcapáginas con un pequeña pluma que está relacionada con la historia que el escritor presenta.

Actividades

6. ¿Conoce alguna obra editorial que contenga elementos que ayuden a la lectura u orienten al lector en la historia literaria? Justifique su respuesta.

2.7. Embalaje del producto

Una vez decidido, desarrollado y terminado el producto editorial hay que embalarlo de la manera más adecuada para su venta.

El libro desde que la editorial lo finaliza hasta que llega a las librerías o puntos de ventas es transportado a los diferentes destinos. En los distintos caminos que debe llevar a cabo (unos más lejos que otros) la obra tiene que tener un embalaje apropiado para su tamaño y forma para que no sufra ningún desperfecto.

Además en los últimos tiempos la compra a través de Internet es cada vez mayor y también en estos casos se transportan productos editoriales y deben protegerse con embalajes especiales para que lleguen al comprador en perfecto estado. De hecho, un artículo mal embalado puede crear una impresión negativa de la librería porque no resguarda su producto correctamente. Si el comprador no queda satisfecho con el resultado del libro al llegar a su destino, probablemente no vuelva a realizar otra compra en este establecimiento.

Para evitar y prevenir que los libros se dañen en el envío hay que llevar a cabo unos consejos:

- Utilizar un material grueso para envolver el libro como plástico con burbujas.

- Meter el producto en una caja de cartón lo más parecido posible al tamaño de la obra misma para evitar movimiento dentro de la caja que pueda golpearlo y provocar algún deterioro.
- Tener especialmente cuidado con las esquinas de la encuadernación porque son la parte más débil ante cualquier tropiezo.

En definitiva, es la empresa editorial la que debe ocuparse de embalar apropiadamente el producto para que la empresa de transporte se dedique a llevarlo de un destino a otro sin que sufra ningún daño.

Unión de los tres libros con un lazo decorativo que también sirve para embalarlos juntos.

Ejemplo de embalaje de un producto editorial totalmente encajado y protegido.

Aplicación práctica

Mario Puzo (1920-1999) es un autor estadounidense de orígenes italianos considerado como el "literato de la mafia" porque escribió muchos libros sobre este tema: *Omertà, El siciliano, Los tontos mueren, El último Don,* etc. Sin embargo, pasará a la historia por su novela: *El Padrino,* obra que fue adaptada al cine considerándose como uno de los mejores *films* de todos los tiempos del cine. El mismo autor participó como guionista en la película y el éxito fue extraordinario. A continuación, se presenta una edición especial de la misma, ¿qué elementos cree que contiene según la imagen?, ¿qué hace especial a esta publicación?

Ejemplo de estuche de una película cuando finalizó la trilogía que la conformaba.

SOLUCIÓN

La edición está considerada una de las mejores que están en el mercado. Según la imagen, son varios discos para las partes de la película, pues son una trilogía. Los discos se insertan en un estuche con un material de piel, negro y con el título de esta obra que se ha asociado a esos caracteres.

Lo que hace especial a la edición es la cuidada decoración en que está editada, las ilustraciones de los actores y las escenas. Al consumidor que le guste la película y quiera una edición para toda la vida y con información sobre el desarrollo del *film* en ese estuche lo encontrará.

3. Redacción de textos promocionales en 2.0

La evolución de la web ha sido un viaje fascinante a través de distintas etapas, desde el surgimiento de la Web 1.0 como una plataforma estática de información hasta el advenimiento de la Web 2.0, que revolucionó la interacción y participación del usuario mediante redes sociales, blogs y colaboración en línea. La Web 3.0 llevó esta interactividad un paso más allá, con la promesa de una web semántica que comprende el contexto y el significado del contenido. Sin embargo, mientras exploramos las posibilidades actuales y futuras, es intrigante considerar la proyección hacia la Web 7.0, donde la inteligencia artificial, la realidad virtual y otras tecnologías emergentes podrían remodelar radicalmente nuestra experiencia en línea, llevando la interconexión digital a niveles aún inimaginables.

El contexto virtual que hoy en día utiliza casi el 90 % de los usuarios de internet es el 3.0. Por lo tanto, en dicho contexto deberán considerarse los productos editoriales que venimos estudiando.

El concepto de Web 2.0 se refiere a una especie de segunda generación en Internet que se basa en que los usuarios colaboran y comparten información *online* y se crean nuevas formas de interacción social.

Se trata de aplicar webs que tengan en cuenta a los receptores y estos no actúen como meros consumidores de información sino que también puedan ejercer de creadores de la página. Así, se forma un sistema en el que interactúan con el sistema y con otros usuarios de la plataforma.

La web 2.0 funciona como unión de una serie de tendencias, tecnologías y circunstancias y muy distintos lugares digitales han incorporado sus propios modelos de negocio tecnológicos y estrategias comunicativas.

 **Ejemplo**

Wikipedia: permite a los variados usuarios crear y editar diversos contenidos siempre que quieran.
Digg: añade noticias de autores y permite ordenarlas.
YouTube: permite que numerosos usuarios se conviertan en directores de sus vídeos de un contenido muy heterogéneo.

Los sitios web 2.0 son cada día más numerosos, el objetivo siempre es el mismo: el sitio ofrece la plataforma; el usuario, el contenido.

Estos **lugares** digitales poseen una serie de características que a continuación se exponen:

- Se presenta una información participativa y democrática para que el resto de usuarios pueda criticar o modificar.
- Se basa en una comunicación multidireccional en la que todos emiten y todos reciben.
- Se emplean *softwares* libres y de bajas inversiones para que el coste sea lo más barato posible.
- Se utilizan distintas aplicaciones como editores de textos, por ejemplo.

Estas nuevas vías digitales se convierten en medios de comunicación para promocionar productos editoriales, pues, los consumidores que hacen uso de estos lugares son muy numerosos. Además, las opiniones vertidas en ellos suelen ser tenidas en cuenta por el grado de independencia que se les presupone.

En algunas páginas webs se exponen y publicitan las obras literarias y se deja un espacio para que los usuarios comenten cuál ha sido su experiencia con el producto lo que abre paso a un sinfín de críticas tanto positivas como negativas.

Así, los propios consumidores recomiendan y siguen ayudando a promocionar el producto si es que la crítica es positiva para futuros clientes que deciden acudir a las opiniones antes de adquirir el libro.

Poco a poco, Internet va ganando inversión en publicidad por estas denominadas webs 2.0 porque permiten a los propios usuarios que anuncien los productos y las opiniones de otros clientes ayuda a reforzar una buena o mala imagen como proveedores.

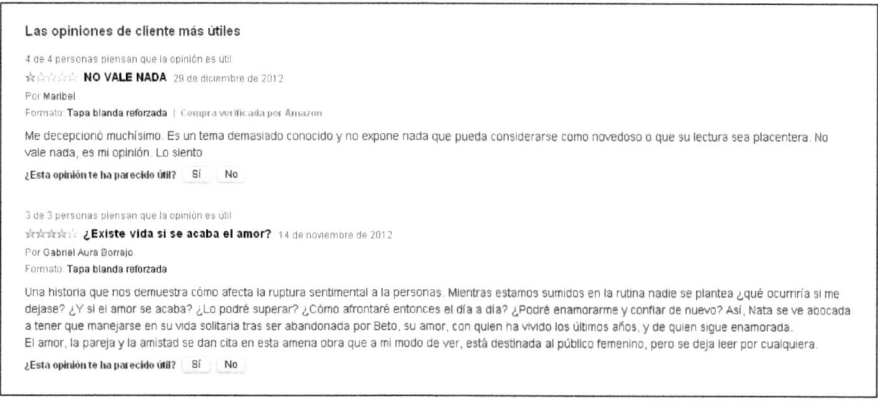

Ejemplo de opiniones en una librería online cuando se busca un producto editorial.

En cuanto a la **forma** de redactar textos promocionales en este tipo de web 2.0, hay que tener en cuenta una serie de conceptos en el diseño del lugar de la información:

- Utilizar letras de un tamaño y fuente apropiada (claridad visual) y respetar espacios en blanco que faciliten la lectura.
- Enfocar hacia usuarios distintos de modo que se pueda acceder fácilmente a las críticas de ellos sin dificultad.
- Diseñar una web didáctica, es decir, para todo tipo de públicos, eliminando barreras digitales que hagan complejo el proceso de buscar información sobre el producto editorial y compartir información entre sí.
- Utilizar interactivamente distintos contenidos: textos, audios, imágenes, vídeos, etc.

La tendencia y el futuro de la web 2.0 es cada vez más utilizada y numerosa, pues, conforme más usuarios se conectan a la red, más comparten y más conocimientos se difunden a través de este medio digital. A causa de la inmediatez informativa de una sociedad conectada en la que prima lo último, lo actual y novedoso, se estudia que evolucionen estas plataformas y se habla de una web 3.0 que aportaría unos metadatos más complejos y enriquecidos por la interacción social de los usuarios.

La Web 3.0 representa una evolución significativa en la forma en que se concibe y utiliza Internet. Se centra en la idea de una web semántica, donde la información no solo está disponible de manera estática, sino que también es comprensible y utilizable por máquinas. Esto implica un cambio hacia una web más inteligente y contextual, donde los datos están interconectados de manera significativa, permitiendo a los usuarios acceder a información personalizada y relevante de manera más eficiente. Los avances en tecnologías como el aprendizaje automático, la inteligencia artificial y la minería de datos son fundamentales para hacer realidad esta visión, abriendo nuevas posibilidades en áreas como el comercio electrónico, la búsqueda en línea, la salud digital y más. En resumen, la Web 3.0 no solo se trata de acceder a información, sino de interactuar con ella de manera más inteligente y significativa, lo que promete transformar radicalmente nuestra experiencia en línea.

 Actividades

7. Se ha hablado de las páginas webs 2.0 y se ha citado como ejemplo: Wikipedia, Digg o Youtube. A continuación, se expone información sobre cada una de ellas. ¿En qué consisten estos tres tipos de vías *online*? Una vez informado sobre estas fuentes informativas, ¿se le ocurre algún otro tipo de página web 2.0 similar?

 a. En cuanto a Wikipedia consiste en: "una enciclopedia libre, políglota y editada colaborativamente. Es administrada por la Fundación Wikimedia, una organización sin ánimo de lucro. Son más de 37 millones de artículos en 284 idiomas los que han sido redactados conjuntamente por voluntarios de todo el mundo, y prácticamente cualquier persona con acceso al proyecto puede editarlos. Iniciada en enero de

Continúa en página siguiente >>

<< Viene de página anterior

2001 por Jimmy Wales y Larry Sanger, es la mayor y más popular obra de consulta en Internet", según se define en la misma página.

b. Por su parte, Digg es: "una página web sobre noticias de ciencias y tecnología que combina marcadores sociales, *blogging* y sindicación con una organización sin jerarquías, con control editorial democrático, lo cual permite que se publiquen artículos sobre una gran variedad de géneros. Los usuarios envían relatos de noticias y recomendaciones de páginas webs y los ponen a disposición de la comunidad, quien las juzgan y cuyo característico sistema valorativo se mide según la calificación de los usuarios", también definida por Wikipedia.

c. En el caso de Youtube se refiere a "un sitio web en el cual los usuarios pueden subir y compartir vídeos. Fue creado por tres antiguos empleados de Paypal en febrero de 2005 y actualmente es el sitio web de su tipo más utilizado en Internet. Es muy popular gracias a la posibilidad de alojar vídeos personales de manera sencilla", definida por Wikipedia.

---

4. Técnicas para la redacción de textos para la web

El lenguaje de un texto será distinto y se adaptará según el soporte que se use. Por otro lado, a la hora de utilizar la web para promocionar productos editoriales y presentar información publicitaria sobre ellos, hay que tener en cuenta que existen unas técnicas que ayudan a adaptarse a este tipo de medio comunicativo.

En primer lugar, el texto web posee una estructura diferente a la de otros textos impresos y por tanto, se caracterizan por la **brevedad** y **concisión,** debido a que la mayoría de los usuarios internautas quieren información importante y rápidamente. El consumidor de forma pragmática necesita palabras o imágenes atractivas sobre el producto que busquen, por eso, muy pocas veces se fija el cliente en la totalidad de la página web, esto es, optimizará el contenido a lo que le convenga.

En segundo lugar, el uso de **palabras clave** porque será en torno a ellas donde se localice la información requerida por el receptor. Deben ser muy reconocibles rápidamente.

En tercer lugar, la **organización visual** de los contenidos. Un artículo es más atractivo cuando se divide en párrafos con subtítulos que resuma la parte más interesante de la sección. Así, el lector busca la información concreta que desea y permanecerá más tiempo en el sitio leyendo lo que más le convenga.

En cuarto lugar, la utilización de listado con **viñetas.** Ello permite reducir algo la cantidad de palabras de un texto que no se puede resumir y será más fácil de localizar dentro de un mismo tema.

En quinto lugar, la **organización lingüística,** de manera que en cada párrafo albergue una idea. Este proceso ayuda tanto al escritor como al receptor a ordenar claramente los pensamientos o la información que presenta y le da coherencia y comprensión al texto en su conjunto.

En sexto lugar, se aconseja utilizar la técnica de la **pirámide invertida** de la información, esto es, redactar un texto de forma que la parte más relevante quede en la primera parte del artículo y a medida que vaya avanzando disminuya la importancia informativa.

Por último, el **estilo narrativo** debe ser inequívoco, inteligible, llano, directo, sencillo y comprensible evitando ambigüedades, tecnicismos, ideas inconclusas, redundancias, etc.

4.1. Técnicas de redacción en la web 3.0

En el caso de la Web 3.0 (entorno que al día de hoy mejor se adapta a la producción de contenido de valor para empresas editoriales) las técnicas de redacción deberán adaptarse para aprovechar al máximo las capacidades y características audiovisuales de esta nueva fase, teniendo en cuenta los siguientes aspectos:

1. **Optimización para motores de búsqueda (SEO avanzado):** procesamiento de lenguaje natural y la semántica de los motores de búsqueda para optimizar textos. Uso de palabras clave relevantes de manera natural y foco en la creación de contenido de alta calidad y relevante para los usuarios.

2. **Personalización del contenido:** uso de la inteligencia artificial y el aprendizaje automático para personalizar el contenido según preferencias y comportamiento del usuario. Adaptación de los títulos, contenido y recomendaciones según el historial de navegación o las interacciones previas del usuario.

3. **Interactividad:** inclusión de elementos interactivos como encuestas, cuestionarios, vídeos y *widgets.* Esto no solo aumenta la participación del usuario, sino que también mejora la retención y la experiencia general del usuario.

4. **Contenido multimedia enriquecido:** aprovechar al máximo los diferentes formatos de contenido multimedia, como imágenes, vídeos, infografías y audio. La Web 3.0 permite una integración significativa de la experiencia del usuario para mejorar la comprensión del contenido.

5. **Transparencia y confianza:** uso de información clara, precisa y verificable en tus textos. Uso de fuentes confiables, cita datos relevantes y transparencia sobre tus objetivos y prácticas.

6. **Adaptabilidad y accesibilidad:** accesibilidad para una variedad de dispositivos y plataformas, y que se adapten a diferentes tamaños de pantalla y tipos de usuario. Esto garantizará que el contenido llegue a la mayor audiencia posible y mejore la experiencia del usuario en todos los contextos.

 Actividades

8. Busque distintas opiniones sobre un libro en varias páginas de Internet y diga si lo compraría o no y por qué.

9. Lea el siguiente texto corto en una web sobre una obra literaria e identifique las características en él:

"Descripción del producto: Patricia es una joven modelo de pasarela cuya vida parece marcada por el éxito. En un vuelo de trabajo conoce a Viviana, su compañera de asiento, que le advierte que tenga cuidado porque alguien de su entorno desea su muerte. Descreída y nada supersticiosa, cuando Patricia regresa a la felicidad de su hogar decide olvidarse de esta recomendación sin fundamento. Hasta que una serie de fortuitos accidentes, que afectan a su trabajo y a su vida privada, la llevan a buscar a Viviana para encontrar una explicación a estos sucesos".

4.2. El hipertexto. Características

El hipertexto es un conjunto estructurado de textos, gráficos, imágenes, vídeos, audios, etc., que se unen entre sí a través de enlaces y conexiones. Puede llevarse a cabo a través de la vía digital muy fácilmente pues solo hay que hacer clic con el ratón en el enlace al que se quiera acceder.

Los elementos de información se unen a partir de lazos en forma reticular sin una línea que haya que seguir para buscar información, si no que se puede empezar a buscar información desde cualquiera de los hipervínculos que se encuentre y ese llevará a otro y así sucesivamente.

Esto es, se trata de un sistema de textos superpuestos que se pueden leer como alternativas virtuales cruzados en determinados puntos, permitiendo optar por un camino nuevo informativo o seguir en el mismo. Este hecho posibilita la lectura no secuencial del texto: pues se puede ir de una pantalla a otra a través de la red.

Esta forma de información ha sido muy extendida y elogiada porque trae consigo grandes ventajas, por ejemplo, que cada uno adquiera su propio camino en el aprendizaje, aunque no todos los hipertextos de las plataformas cumplen las expectativas de los usuarios.

 Importante

El hipertexto ha sido una piedra angular en el desarrollo de la web desde sus primeras etapas. Inicialmente, el hipertexto permitió a los usuarios navegar por información de manera no lineal, saltando de un documento a otro a través de enlaces. Este concepto ha evolucionado con el tiempo y ha encontrado su apogeo en la Web 3.0. En esta nueva fase de la web, el hipertexto adquiere un nuevo significado y una funcionalidad expandida. Ya no se limita a simples enlaces entre documentos, sino que se convierte en una herramienta poderosa para la interconexión y la contextualización de datos. En la Web 3.0, el hipertexto se fusiona con los principios de la web semántica, lo que permite que los datos estén interconectados de manera más inteligente y significativa. Esto significa que los enlaces no solo conectan

Continúa en página siguiente >>

<< Viene de página anterior

documentos, sino que también pueden establecer relaciones entre conceptos, entidades y datos, creando una red de información más rica y comprensible tanto para humanos como para máquinas. En esencia, el hipertexto en la Web 3.0 se convierte en un medio para navegar no solo entre páginas web, sino entre mundos de conocimiento interconectados, abriendo nuevas fronteras para la exploración y el descubrimiento en línea.

Características

Un sistema hipertextual debe cumplir una serie de características para cumplir su función:

- **Conectividad:** es la cualidad que permite los distintos enlaces y conexiones entre informaciones.
- **Digitalidad:** permite una nueva forma de organizar la información y un método rápido y efectivo de acceder solamente a aquella que interesa.
- **Multisecuencialidad:** el hipertexto rompe los límites espaciales de la página impresa al poder desplegarse en la pantalla y poder saltar dentro de la misma o a otra pantalla distinta.
  El texto impreso es una unidad finita con un comienzo y un final, por eso se habla de linealidad porque su desarrollo sigue una lógica causal.
- **Multimedialidad:** supone la integración de diferentes medios en el hipertexto. Es decir, medios textuales, gráficos, sonoros, animados, audiovisuales, etc.
  Definición: Multimedia. es la capacidad de combinar y utilizar dos o más medios (música, audios, imágenes, etc.), de forma conjunta siempre que sea necesario.
- **Gradualidad:** a partir de esta característica se accede a numerosos planos de información diferentes y se jerarquiza esos planos gradualmente según la relevancia de la información.
- **Extensibilidad:** existen dos formas de graduar el hipertexto (profundidad y extensibilidad) pero la extensibilidad diferencia el hipertexto del texto impreso, pues, permite ir de la linealidad a lo reticular, de la secuencia a la red con ramificaciones con asociaciones textuales.

- **Interactividad:** consiste en establecer relaciones entre los seres humanos entre sí o entre los humanos y las máquinas, a través del cual un usuario se comunica con el ordenador. También se refiere a la posibilidad que tiene Internet de dejar participar al usuario activamente en relación a los contenidos ofrecidos por una página web. Las participaciones pueden ser: simples (como un simple clic con el ratón) o complejas (dejar comentarios, agregar información, opiniones, imágenes, etc.).

- **Usabilidad:** se refiere a que el diseño de un hipertexto es universalmente usable por todo tipo de usuarios: personas mayores, discapacitados, niños, etc.

- **Reusabilidad:** al colocar un documento en la red, este puede ser utilizado por otros usuarios o modificado. Lo importante es que si se pretende volver al documento original, se puede acceder y recuperarlo volviendo a la fuente. Hoy día se habla más de circulación y distribución de documentos que de producción.

- **Dinamismo:** la información del hipertexto suele estar sujeta a una actualización y mantenimiento continuos, no tan fácil en la obra impresa, como corregir erratas, modificar, ampliar, etc.

- **Transitoriedad:** en relación con la característica anterior, los documentos digitales presentan mayor inestabilidad y menor fijeza que los productos editoriales impresos, pues pueden ser alterados con mayor facilidad.

 Aplicación práctica

A continuación, se expone una imagen hipertextual. Son distintos conceptos vinculados a partir de cualquiera de las ideas que se destacan. ¿Podría señalar y explicar seis de las características que se han presentado anteriormente en la imagen?

Continúa en página siguiente >>

<< Viene de página anterior

Ejemplo de hipertexto

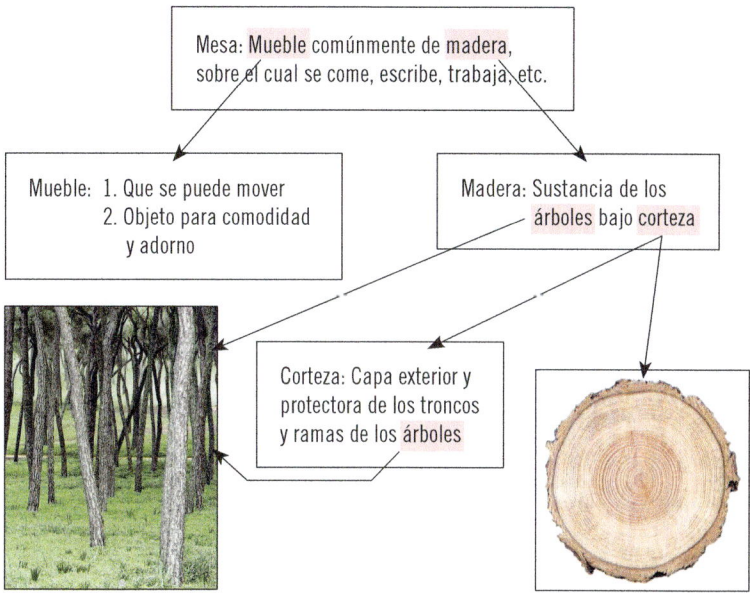

SOLUCIÓN

Las características que se aplican a esta imagen son:

▮ La conectividad: porque a través de las palabras 'mueble', 'madera' y 'corteza' todos los conceptos están relacionados entre sí.
▮ La multisecuencialidad: porque no hay un orden fijo que haya que seguir, sino que se empieza y se acaba leyendo por donde el receptor quiera.
▮ La multimedialidad: porque hay espacio para imágenes o fotografías que se refieran a las ideas que se definen.
▮ La gradualidad: porque el receptor dará la importancia al plano que más le convenga y el grado de relevancia variará según el lector y sus intereses.
▮ La usabilidad: porque esta forma de presentar la información es entendida por tipo de usuario.
▮ El dinamismo: porque esta imagen puede cambiar según lo que el emisor quiera, por ejemplo: añadiendo más imágenes relacionadas o más conceptos, como 'silla'.

5. Resumen

Un producto editorial puede exponerse para venderse en librerías físicas o en librerías digitales. Tanto para una vía como para otra la forma de promocionarlo es diferente, ya sea por el tipo de usuario que en cada medio haya o porque las condiciones ofrecidas en cada modo son diferentes.

Incluso, en el mismo producto se presentan datos que pueden atraer la atención del lector: número de ediciones vendidas, testimonios, ediciones admirables por su belleza, etc.

No obstante, a través de la vía digital también hay que invitar al lector a que compre la publicación y, para ello, se utilizan textos que acompañan a la obra. Se trata de pocas palabras e imágenes pero muy pensadas para describir, inspirar y motivar para que el producto editorial llegue a caer en manos del potencial cliente.

Internet se ha convertido en el medio de difusión y transmisión de información más utilizado de todos los tiempos. Por eso, la mejor promoción que una obra editorial puede tener hoy día son las propias opiniones valorativas de los mismos usuarios que dejan en las páginas web sobre el producto.

En definitiva, la compra de un producto editorial puede llevarse a cabo a través de varias vías pero la más fiable y utilizada es aquella que muestre información sobre el producto que se esté interesado en adquirir de una forma rápida, accesible y colectiva.

Ejercicios de repaso y autoevaluación

1. **De las siguientes frases, indique cuál es verdadera o falsa.**

   a. El espacio y el tiempo para promocionar los libros son limitados.

      ☐ Verdadero
      ☐ Falso

   b. La concisión trata de buscar la exactitud en el modo de expresión de un concepto sin tener en cuenta la economía lingüística.

      ☐ Verdadero
      ☐ Falso

   c. La portada o cubierta se refiere al espacio reservado para los datos del autor, el título y la editorial.

      ☐ Verdadero
      ☐ Falso

2. **Señale cuáles son los elementos referidos al exterior de un libro y cuáles al interior. (E: exterior; I: interior).**

   __ Lomo
   __ Hueco
   __ Guarda
   __ Tejuelo
   __ Portadilla
   __ Cabeza
   __ Índice
   __ Camisa
   __ Faja
   __ Prólogo

3. La primera información que llega al consumidor es a través de...

    a. ... el hueco.
    b. ... la solapa.
    c. ... la cabeza.
    d. ... la guarda.

4. Busque en la siguiente sopa de letras diez de las partes que componen un libro.

P	I	E	E	R	P	H	A
O	C	F	A	J	A	U	Z
R	N	L	O	M	O	E	E
T	A	S	I	M	A	C	B
A	D	R	A	U	G	O	A
D	A	P	A	L	O	S	C
A	T	E	J	U	E	L	O

5. ¿Qué información debe presentarse en la solapa? Razone la respuesta.

_____
_____
_____
_____

6. Complete la siguiente oración.

La cubierta o portada de un libro tiene una función crucial: _____ al comprador potencial. Si le gusta el cliente, lo normal es que vaya directamente a la _____ del producto. Por tanto, estas áreas son decisivas para exponer una información muy _____ y _____ para el lector.

7. ¿Para qué obras literarias se utilizan los estuches? Razone su repuesta.

_____

_____

_____

_____

8. Para evitar y prevenir que los libros se dañen en el envío hay que llevar a cabo una de estas medidas...

    a. ... introducir el producto en una caja de cartón grande.

    b. ... meter la caja en una bolsa grande y resistente.

    c. ... tener especialmente cuidado con las esquinas de la encuadernación.

9. Defina 'página web 2.0'.

_____

_____

_____

_____

10. ¿Para qué sirven las opiniones de los consumidores sobre un producto editorial en Internet?

_____

_____

_____

_____

11. ¿Cuáles son las técnicas para la redacción de textos para la web?

_____

_____

_____

_____

12. Defina hipertexto.

_____
_____
_____
_____

13. ¿Por qué se ha extendido esta forma hipertextual en Internet?

_____
_____
_____
_____

14. ¿Para qué sirve la gradualidad?

    a. Permite ir de la linealidad a lo reticular.
    b. Establece relaciones de humanos entre sí y entre humanos y máquinas.
    c. Puede utilizarse por otros usuarios y modificarse siempre que se quiera.
    d. Se accede a numerosos planos informativos y se jerarquizan.

15. ¿Qué diferencia existe entre usabilidad y reusabilidad?

_____
_____
_____
_____

Bibliografía

Monografías

ı ALARCOS Llorach, E.: *Gramática de la lengua española.* Madrid: Espasa, 2005.

ı CASSANY, D.: *La cocina de la escritura.* Barcelona: Anagrama, 2007.

ı GÓMEZ Torrego, L.: *Análisis sintáctico: teoría y práctica.* Madrid: SM, 2007.

ı LLORENS Camp, M. J.: *Gramática española.* Barcelona: Edimat, 1998.

ı LOBATO Morchón, R. y LAHERA Corteza, A.: *Lengua castellana y literatura.* Madrid: Oxford, 2009.

ı MARSA, F.: *Gramática y redacción.* Barcelona: Gasso, 1974.

ı MARTÍNEZ Celdrán, E.: *Bases para el estudio del lenguaje.* Barcelona: Octaedro, 1995.

ı MONTOLÍO, E.: *Manual práctico de escritura académica.* Barcelona: Ariel, 2002.

ı QUILIS, A. (coord.), ARROYO, C., BERLATO, P., y MENDOZA, M.: *Lengua castellana y literatura.* Navarra: Oxford, 2000.

❙ Real Academia Española: *Ortografía de la lengua española.* Madrid: Espasa, 2002.

❙ *Esbozo de una nueva gramática de la lengua española.* Madrid: Espasa, 2004.

❙ *Manual de la Nueva gramática de la lengua española.* Madrid: Espasa, 2010.

❙ SACRISTÁN, A.: *Sociedad del conocimiento, tecnología y educación.* Madrid: Morata, 2013.

❙ SECO, M.: *Gramática esencial del español.* Madrid: Espasa, 2000.

❙ VV. AA.: *Lengua castellana y literatura.* Madrid: Edelvives, 2002.

❙ VV. AA.: *Lengua y literatura castellana.* Madrid: Anaya, 2007.

Textos electrónicos, bases de datos y programas informáticos

❙ GRIMALDI Herrera, C.: *Los códigos: lenguaje de la publicidad,* de: <http://www.eumed.net/rev/cccss/06/cgh6.htm>.

❙ KRÜGER, K.: *El concepto de "sociedad del conocimiento",* de: <http://www.ub.edu/geocrit/b3w-683.htm>.